Die Kanzlerkandidaten 2021

von Richard Bercanay

2. erweiterte und aktualisierte Auflage 2022

Herstellung und Verlag:
BoD – Books on Demand, Norderstedt
ISBN 978-3-7568-5895-8

Inhalt

Einführung

Die Bundestagswahl 2021 ist in mehrfacher Hinsicht ein historisches Ereignis. Zum ersten Mal in der Geschichte der Bundesrepublik Deutschland tritt ein amtierender Kanzler – in diesem Fall die Kanzlerin Angela Merkel – nicht für eine erneute Amtszeit zur Wahl an. Zudem findet die Bundestagswahl in Zeiten und unter Bedingungen der Corona-Pandemie statt, die seit ihrem Ausbruch in Deutschland im Februar/März 2020 alle politischen Themen und Vorgänge überlagert. Erstmals hat neben SPD und Union mit den Grünen eine dritte Partei eine realistische Chance, mit Annalena Baerbock die nächste Kanzlerin zu stellen. Zudem hatten SPD und CDU im Verlauf der Wahlperiode mit Führungskrisen zu kämpfen, die auch teilweise bei den Personalentscheidungen nachwirken.

Während die SPD ihren Kanzlerkandidaten bereits im Sommer 2020 benannte, sorgte die offene Führungsfrage in der CDU dafür, daß eine Festlegung auf einen Kanzlerkandidaten erst Ende April 2021, also nicht einmal ein halbes Jahr vor der Bundestagswahl, stattfinden konnte. Das Ziel, bei der Benennung des Kanzlerkandidaten schneller als die Grünen zu sein, wurde wegen des holprigen Verfahrens bei der Kandidatenkür durch die CDU/CSU verfehlt.

Auch bei den Grünen lief die Kandidatenkür wohl hinter den Kulissen nicht ganz so glatt wie es nach außen den Eindruck machte. Dies legte zumindest ein Interview nahe, das der Co-Vorsitzende Robert Habeck nach der Verkündung der Kanzlerkandidatur von Annalena Baerbock der Zeitung *Die Zeit* gab, und aus dem andere

Zeitungen zitierten.[1]

Neben diesen drei stellten auch weitere Parteien Spitzenkandidat/innen auf, diese jedoch nicht explizit als Kanzlerkandidat/innen, weshalb in diesem Buch auf jene nicht eingegangen werden soll. Ziel des Buches ist, eine Übersicht über die Kanzlerkandidat/innen für die Bundestagswahl 2021 zu geben. Dies umfaßt deren Personen, aber auch die Parteien und die Umstände der Nominierung. Dies beinhaltet zu einem gewissen Maße einen Überblick über wichtige Ereignisse in der 19. Wahlperiode, denn diese haben die Kandidatenfindung der Parteien zum Teil maßgeblich beeinflußt.

Eine wesentliche Rolle spielte auch die Corona-Krise, die unter anderem dafür gesorgt hat, daß Parteitage aufgeschoben und entsprechende Entscheidung nicht gefällt werden konnten. Zum Teil mußten neue Wege gegangen werden, um die entsprechenden und für die Parteien notwendigen Entscheidungen unter Beachtung der Hygieneregeln im Zusammenhang mit der Corona-Krise zu treffen. Denn Maßnahmen, wie die Maskenpflicht, die Abstandregelung und die Beschränkungen für Großveranstaltungen trafen auch die Parteien – und dies gerade im Wahljahr 2021. So wurde der Parteitag der CDU, auf der ein neuer Vorsitzender gewählt werden sollte, mehrfach aufgeschoben. In Thüringen wurden die vorgezogenen Neuwahlen zum Landtag wegen der Infektionslage vom Frühjahr in den Herbst verschoben – und scheiterten letztlich komplett an der Uneinigkeit der Akteure über das Vorgehen. Ohnehin überlagerte und beeinflußte die Corona-Pandemie viele Bereiche der Politik. Sie war das bestimmende Thema seit ihrem Ausbruch im Februar/März 2020, und dies nicht nur in Deutschland.

---

[1] vgl. dazu u.a.: *Habecks schwerster Tag.* Süddeutsche Zeitung, 22.04.2021, S. 6.

In diesem Buch wird zunächst der Weg der SPD zum Kanzlerkandidaten dargestellt. Hieran schließen sich die Kandidatenfindungen von CDU/CSU und Grünen an. Hierbei werden auch die längerfristigen Entwicklungen beschrieben, die (längerfristigen) Einfluß auf die Kandidatenfindung hatten. Weil die Corona-Krise einen wesentlichen Einfluß auf die Entscheidungen der Parteien hatte, wird auch diese immer wieder und an verschiedenen Stellen in diesem Buch mit den jeweils bestimmenden Aspekten angesprochen werden. Eine grobe politische Einordnung von Koalitionsmöglichkeiten und Wahlprogrammen rundet die Betrachtungen ab.

Die zweite Auflage führt die erste Auflage, die Ende Juli 2021, also knapp zwei Monate vor der Bundestagswahl, erschien, bis zum Wahltag fort. Es wird somit der Blick auf die »heiße Phase« des Wahlkampfes ergänzt sowie ein erster Ausblick auf die Ampel-Koalition geworfen, die im Anschluß an die Bundestagswahl 2021 entstand. Abgeschlossen wird das Buch mit einem Rückblick auf die Kanzlerkandidat/innen und was nach der Wahl aus ihnen wurde.

Kanzler und Koalition

Was also ist nun der Kanzler, der Kanzlerkandidat und welche Rolle spielen die Koalitionen und Koalitionsverträge in diesem Zusammenhang? Es folgt nunmehr ein kleiner Überblick über Diskussionen und Kritik im Zusammenhang mit den Institutionen des Kanzlers, des Kanzlerkandidaten und des Koalitionsvertrages.

Kanzlerkandidat/innen

In seinem Kommentar »Die Höhe« vom 15.05.2021 setzt sich Stefan Kornelius von der Süddeutschen Zeitung mit der Figur des Kanzlerkandidaten auseinander.[2] Er kritisiert darin, daß die Parteien bei der Europawahl entgegen der Verträge einen Favoriten – also einen Spitzenkandidaten – für den Posten des Kommissionspräsidenten festlegen wollten und zieht die Linie zu Spitzen- und Kanzlerkandidaten bei der Bundestagswahl. Besonders wild, so Kornelius, trieben es die Linken, die zwei Spitzenkandidaten aufstellten, obwohl sie sich nicht sicher sein könnten, überhaupt in den Bundestag einzuziehen.[3] Hier scheint der Wunsch im Vordergrund gestanden zu haben, die Linkspartei ein wenig anzurempeln (um mit der anschließenden Gleichsetzung der Linken mit der AfD die sogenannte »Hufeisen-Theorie« zu bemühen), denn warum sollten die Parteien nicht selbst darüber entscheiden, auf welchem Weg sie in den Bundestag gelangen, also ob mit oder ohne Spitzenkandidat.

Zwar, so Kornelius weiter, spreche nichts gegen die Personalisierung bei der Wahl, gleichwohl erzeugten die Parteien ein Trugbild gegenüber den Wähler/innen, denn am Ende schlüge der Bundespräsident

---

[2] Kornelius, Stefan: *Die Höhe.* Süddeutsche Zeitung, 15.05.2021, S. 4.
[3] vgl. ebd.

den Kanzler vor, worüber die Abgeordneten in freier
Wahl abstimmten.[4]

Tatsächlich, und das wird in den nun folgenden Ausführungen vertieft und von Bedeutung sein, wird in
Deutschland der Bundestag gewählt und nicht etwa der
Kanzler oder die Kanzlerin. Dieser wird auf Vorschlag
des Bundespräsidenten gewählt, was allerdings in der
Verfassungspraxis weitgehend eine Formalie ist.

Der Bundeskanzler oder die Bundeskanzlerin wird mit
der Mehrheit der Mitglieder des Hauses gemäß Artikel
63 Grundgesetz ohne Aussprache gewählt. Wie der
Bundespräsident zu seinem Vorschlag kommt, ist hierbei nicht geregelt. In der Tradition der Bundesrepublik
schlägt er somit jenen Spitzen- oder Kanzlerkandidaten der stärksten Partei vor, die gegebenenfalls die
Koalition anführt, beziehungsweise auf den man sich
im Koalitionsvertrag geeinigt hat. Und in der Regel ist
diese Personalie grundsätzlich bereits vor der Bundestagswahl der Öffentlichkeit bekannt.

Auch Stefan Kornelius räumt in seinem Kommentar
ein, daß es nicht schade, den Wahlkampf zu personalisieren. Gleichwohl betrachtet er den Kanzlerkandidaten, wie oben gezeigt, als »Trugbild«. Dies ist jedoch
nur soweit zutreffen, als die Parteien suggerieren, die
Menschen könnten den Kanzler direkt wählen. Das ist
nicht der Fall. Die Wähler/innen wählen die Parteien,
und ob der oder die Kanzlerkandidat/in auch tatsächlich das Amt erreicht, hängt von den Mehrheitsverhältnissen im Bundestag ab.

Viel spricht dafür, den Wähler/innen schon vor der
Wahl zu erzählen, wer eigentlich das höchste Regierungsamt bekommen soll, wenn die jeweilige Partei
gewinnt oder ihren Kandidaten im Rahmen einer Koa-

---

[4] vgl. ebd.

lition durchsetzen kann. Denn neben der Personalisierung der Wahl durch einen Kanzlerkandidaten oder einer Kanzlerkandidatin spielen letztendlich auch Inhalte eine Rolle und die Frage, ob denn der oder die Kandidat/in zu den Inhalten paßt. Daß es durchaus schaden kann, wenn dies nicht der Fall ist, hat die SPD in einigen der letzten Bundestagswahlen durchaus leidvoll erfahren müssen.

Der Kanzler stellt in der Regierung die zentrale Figur dar. Auf seinen Vorschlag werden die Minister ernannt und entlassen. Der Kanzler stellt das Gesicht der Regierung dar und dies nicht nur gegenüber der Bevölkerung sondern auch in der Regel gegenüber den Regierungen anderer Länder. Wenn auch nicht jedem im Land der Namen eines jeden Ministers geläufig ist – der Name des oder der Kanzler/in ist es in der Regel. Also spricht nichts dagegen, daß eine so hervorgehobene Persönlichkeit auch im Wahlkampf eine Rolle spielt – bei dem Bemühen um die Wiederwahl sowieso, aber auch als personeller Alternativvorschlag gegenüber dem oder der Amtsinhaber/in.

Mit anderen Worten – die Nominierung eines Kanzlerkandidaten dient durchaus der Auseinandersetzung im Wahlkampf und fördert die Personalisierung politischer Themen. Sie ist darüber hinaus nicht etwa – wie Kornelius in seinem Kommentar andeutet – eine Einschränkung des freien Mandates der Abgeordneten, die in geheimer Wahl ja noch immer die Möglichkeit haben, den Kanzlervorschlag des Bundespräsidenten abzulehnen, was auch in der Lebenswirklichkeit durch einzelne Abgeordnete immer wieder einmal vorkommt. Ebenso kommt es auch vor, daß der Bundeskanzler oder die Bundeskanzlerin unerwartete Stimmen aus der Opposition bekommt.

Zwei Aspekte hinsichtlich des freien Mandates und seiner Grenzen seien an dieser Stelle noch zu erwähnen. Aus praktischer Sicht wäre es den Wähler/innen vermutlich nicht zu vermitteln, wenn die Parteien im Wahlkampf Zusagen machen, die sie am Ende nicht einhalten können, weil die Abgeordneten in den Fraktionen ständig von der Fraktions- und Parteilinie abweichen. Auch die im Koalitionsvertrag gemachten Zusagen stünden dann unter dem Vorbehalt, daß am Ende auch hinreichend Abgeordnete dafür stimmen, diese Vorhaben umzusetzen.

Darüber hinaus verdanken die Abgeordneten ihr Mandat nicht nur ihrer Nominierung durch die Parteien, sondern auch durch deren Unterstützung im Wahlkampf. Ohnehin sollte anzunehmen sein, daß – bis möglicherweise auf wenige Ausnahmen – ein Bundestagkandidat für die Partei kandidiert, deren politische Ziele er weitgehend teilt und deren Vorhaben er somit auch unterstützt. Daher ist anzunehmen, daß er den tatsächlichen oder vermeintlichen Fraktionszwang als nicht allzugroß ansehen wird. Bemüht wird diese Diskussion vorzugsweise ohnehin in solchen Zusammenhängen, in denen von den Abgeordneten einer Partei erwartet wird, daß sie gegen das politische Programm der eigenen Partei stimmen. Somit wäre auch stets zu hinterfragen, welche Ziele die Kämpfer für die Unabhängigkeit des Abgeordneten in dem konkreten Moment eigentlich verfolgen.

Der Koalitionsvertrag

Das freie Mandat des Abgeordneten steht auch in der Frage der Entscheidung über Koalitionsverträge durchaus im Mittelpunkt, wie gleich zu sehen sein wird. Puristen weisen gerne darauf hin, daß der Abgeordnete gemäß Artikel 38 Grundgesetz nur seinem Gewissen unterworfen und an Weisungen nicht gebunden sei. Dies wird immer wieder gerne mit der Frage des sogenannten »Fraktionszwangs« diskutiert. Hier hat allerdings das Bundesverfassungsgericht bereits klargestellt, daß die Fraktionen durchaus ein berechtigtes Interesse daran haben, daß ihre Abgeordneten bei Abstimmungen nicht ständig aus der Fraktionslinie ausscheren.[5]

Der Koalitionsvertrag ist kein Vertrag im privat- oder staatsrechtlichen Sinne. Die Koalitionspartner und noch weniger die Bürger/innen können aus dem Vertrag irgendwelche Ansprüche oder Pflichten ableiten oder gar diese vor den Verwaltungsgerichten oder der Ordentlichen Gerichtsbarkeit einklagen. Es handelt sich um eine politische Absichtserklärung der unterzeichnenden Parteien hinsichtlich der Projekte, die diese im Verlauf der nun heranbrechenden Wahlperiode umsetzen wollen. Dies bedeutet im Gegenzug auch, daß die unterzeichnenden Parteien gegeneinander keine rechtlichen Mittel zur Durchsetzung der Vereinbarungen aus dem Koalitionsvertrag haben. Ihnen verbleibt, sich selbst ebenfalls nicht an den Koalitionsvertrag zu halten oder eben die Koalition zu beenden und damit gegebenenfalls Neuwahlen herbeizuführen, in deren Rahmen die Bevölkerung über den Vorgang entscheiden kann.

Der Koalitionsvertrag bindet die Parteien nur schwach. Hinzu kommt, daß er üblicherweise nicht neu aus- oder nachverhandelt wird, wenn im Laufe der Wahlperiode unvorhergesehene Ereignisse wie zum Beispiel die Corona-Pandemie im Jahr 2020 auftreten. Ein Handeln der Regierung ist auch jenseits des Koalitionsvertrages möglich, was unterstreicht, daß der Koalitionsvertrag nur einen ungefähren Ausblick auf das gewährt, was sich die Koalitionsparteien vorgenommen haben. Dies wird in der Regel auch nicht im Detail im

---

[5] vgl. BVerfG, Beschluss der 2. Kammer des Zweiten Senats vom 06. Dezember 2013 - 2 BvQ 55/13 -, Rn. 10,
http://www.bverfg.de/e/qk20131206_2bvq005513.html (zuletzt aufgerufen: 11.12.2022).

Koalitionsvertrag geregelt, sondern in den folgenden politischen Aushandlungsprozessen.

Dies deutet auch darauf hin, daß die Frage, wie eine Partei eigentlich über die Annahme oder die Ablehnung eines solchen Koalitionsvertrages entscheidet, nur begrenzt von staatspolitischer Bedeutung sein kann. Denn der Koalitionsvertrag wird nicht in der Verfassung erwähnt sondern ergibt sich allein aus den Vorgaben des Grundgesetzes über die notwenden Mehrheitsverhältnisse zur Kanzlerwahl und zur Abstimmung im Parlament. Kann eine Partei diese Mehrheiten nicht erreichen, ist sie auf die Hilfe anderer Parteien angewiesen. Die Abstimmung mit wechselnden Mehrheiten hat in Deutschland keine Tradition, so daß eben in der Regel feste Koalitionsregierungen gebildet werden, die in der Regel verläßlich die ganze Wahlperiode über regieren.

Bei den Bundestagswahlen 2013 und 2017 überließ die SPD ihrer Parteibasis die Entscheidung darüber, ob die Partei in eine große Koalition eintreten soll oder nicht. Dies stieß zu beiden Anlässen auf Kritik und zog auch entsprechende Klagen vor dem Bundesverfassungsgericht nach sich. Dieses stellte jedoch klar, daß es den Parteien selbst überlassen sei, wie sie zu ihren Entscheidungen über die Teilnahme an einer Koalition kommen.[6]

Daß diese Frage auch unter Staatsrechtlern weiterhin umstritten bleibt, zeigt nicht nur der Umstand, daß sowohl nach der Bundestagswahl 2013 als auch 2017 gegen die Entscheidung der Parteiführung der Sozialdemokraten, das letzte Wort über die Teilnahme an

---

[6] vgl. BVerfG, Beschluss der 2. Kammer des Zweiten Senats vom 06. Dezember 2013 - 2 BvQ 55/13 -, Rn. 1-12,
http://www.bverfg.de/e/qk20131206_2bvq005513.html (zuletzt aufgerufen: 11.12.2022).

einer großen Koalition der Basis zu überlassen, vor dem Bundesverfassungsgericht geklagt wurde. Als Sigmar Gabriel im Jahr 2013 die Diskussion um diese Frage im heute-journal als »Quatsch« bezeichnete, erntete er scharfe Kritik vom Verfassungsblog. »„Lassen Sie uns den Quatsch beenden“: Das ist die Wortwahl, mit der der SPD-Chef und künftige Vizekanzler die Diskussionsaufforderung eines Staatsrechtlers vom Format eines Christoph Degenhart beantwortet.«[7], empörte sich Verfassungsblog-Gründer Maximilian Steinbeis in seinem Weblog. Wenig später erklärte das Bundesverfassungsgericht die Vorgehensweise der SPD für zulässig.

Bis heute ist Degenhart ein Gegner der Mitgliederabstimmung einer Partei über den Koalitionsvertrag respektive des Beitritts zur Koalition. Auch in der neuesten Auflage seines Staatsrechts-Lehrbuches läßt Degenhart die Studenten wissen, daß die Mitgliederbefragung zum Koalitionsvertrag die Entscheidung des Wählers entwerte, denn die Demokratie gehe vom Staatsvolk aus.[8] Zugleich betont er, daß die Abgeordneten an dieses Votum nicht gebunden seien. Durch einen solchen Mitgliederentscheid werde das freie Mandat geschwächt und die Entparlamentarisierung vorangetrieben. Regierungsprogramm und Regierungsbildung seien von den Fraktionen zu verhandeln.[9]

Abgesehen davon, daß das Bundesverfassungsgericht hier offenbar eine andere Meinung vertritt, ist gegen die Ausführungen Degenharts einzuwenden, daß in der Geschichte der Bundesrepublik noch nie die Bundes-

---

[7] Steinbeis, Maximilian: *Wir werden den Quatsch aber nicht beenden, Herr Gabriel*, VerfBlog, 2013/11/29, https://verfassungsblog.de/wir-werden-quatsch-aber-nicht-beenden-herr-gabriel/ (zuletzt aufgerufen: 11.12.2022).
[8] vgl. Degenhart, Christoph: *Staatsrecht I*, Rand-Nr. 768.
[9] vgl. ebd.

tagsfraktionen sondern stets die Parteien den Koalitionsvertrag ausgehandelt haben. Entschieden wurde auch stets in den Parteigremien, entweder durch Vorstandsbeschluß oder durch einen Parteitag. Warum in dieser Tradition von den Kritikern des Mitgliederentscheids kein Verfassungsverstoß gesehen wird, läßt sich möglicherweise mit einem grundsätzlichen Mißtrauen gegenüber basisdemokratischer Entscheidungen erklären. Einen weiteren Hinweis gibt Degenhart in seinem Lehrbuch, denn er weist darauf hin, daß die Entscheidungen durch ein Mitgliedervotum sich nicht so leicht korrigieren lassen wie die eines Parteitages oder eines Vorstandes.[10]

Bedauerlicherweise führt Degenhart nicht weiter aus, worin eigentlich die Entwertung des Wählervotums liegen soll. Diese ist durch ein Mitgliedervotum ebensowenig zu befürchten wie durch einen Vorstands- oder Parteitagsbeschluß. Tatsächlich »pfuschen« die Parteimitglieder den Wähler/innen durch ihre Entscheidung nicht in ihre Wahlentscheidung, denn eine Koalitionswahl findet in Deutschland nicht statt. Auch der Umstand, daß sowohl eine große Koalition als auch eine Koalition zwischen CDU/CSU, Grüne und FDP möglich war, deutete darauf hin, daß hier kein eindeutiges Votum der Wähler/innen abgegeben wurde, das hätte entwertet werden können.

Degenharts Anmerkung, daß Partei- und Vorstandsbeschlüsse leichter zu revidieren seien, mag zudem insbesondere mit Blick auf die Ereignisse nach der Wahl 2017 aufschlußreich sein, als Matin Schulz vom Bundespräsidenten und der Öffentlichkeit dazu gedrängt wurde, seine Position bezüglich der Oppositionsrolle der SPD aufzugeben und in Koalitionsverhandlungen zu treten. Die hierin zutage getretene Rolle von Bun-

---

[10] vgl. ebd.

despräsident und Medien dürfte hinsichtlich des Votums der Wähler/innen deutlich problematischer sein als die Entscheidung der Mitglieder darüber, ob ihre Partei in eine Koalition eintreten soll oder nicht.

Das Bundesverfassungsgericht sah hierin zumindest keinen unzulässigen Eingriff in das freie Mandat der Abgeordneten. Mit dem Mitgliederentscheid wirke die SPD – verfassungsrechtlich abgesichert – an der Willensbildung des Volkes mit, ohne öffentliche Gewalt auszuüben.[11] Zudem unterlägen die Koalitionsvereinbarungen der weiteren Umsetzung durch die Abgeordneten, die hierdurch ausreichenden Raum für die freie Entfaltung ihres Mandates hätten.[12]

Im Ergebnis läßt hier durchaus feststellen – und dies auch in Ansehung des Charakters des Koalitionsvertrages als eine gemeinsame politische Absichtserklärung und Programm der Koalitionspartner –, daß es absolut gerechtfertigt ist, es den beteiligten Parteien zu überlassen, in welcher Weise sie über die Teilnahme an einer Koalition sowie die Inhalte des Koalitionsvertrages entscheiden. Wenn auch Parteifeindlichkeit in manchen Kreisen in Deutschland offenbar zum guten Ton gehören mag, so haben die Parteien einen verfassungsfesten politischen Auftrag. Sie wirken an der Willensbildung des Volkes mit und ermöglichen eine effektive Umsetzung der Ziele der Demokratie in Parlament und Regierung. Gerade in Zeiten, in denen die Regierungsbildung durch die Veränderungen im Parteiensystem schwieriger werden, sollte dieser Wert der Parteien weder verachtet noch kleingeredet werden.

---

[11] vgl. BVerfG, Beschluß der 2. Kammer des Zweiten Senats vom 06. Dezember 2013 - 2 BvQ 55/13 -, Rand-Nr. 5 http://www.bverfg.de/e/qk20131206_2bvq005513.html (zuletzt aufgerufen: 11.12.2022).
[12] vgl. ebd. Rand-Nr. 7f.

Die Koalitionen

Auch gut zwei Monate vor der Bundestagswahl ist die Prognose nicht gewagt, daß nach dem 26. September 2021 keine Partei über eine eigene Mehrheit verfügen wird, um eine Regierung zu bilden. Aus diesem Grund soll diese Einführung mit ein paar Gedanken zu den Koalitionsmöglichkeiten abgerundet werden.

Vom Drei- zum Vier-Parteien-System

Während es nach der Gründung der Bundesrepublik zunächst ein Vielparteiensystem gab, in dem einige der Parteien, die auch an der Regierung beteiligt waren, vornehmlich die Interessen der durch die NS-Zeit belasteten Personen wahrnahmen und sich auch sehr für die im In- und Ausland einsitzenden Kriegsverbrecher einsetzten[13] begann mit Beginn der 1960er Jahre die Zeit des Drei-Parteien-Systems. Diese sollte bis zum Beginn der 1980er Jahre anhalten, als nach der Gründung der Grünen am Ende der 1970er Jahre die neue Partei 1983 auch in den Bundestag einzog. Zuvor, und dies wurde auch teilweise kritisch diskutiert, entschied praktisch die FDP darüber, ob SPD oder CDU regierten. Denn außer der CDU nach der Bundestagswahl im Jahr 1957 gelang es keiner Partei auf Bundesebene, eine eigene absolute Mehrheit zu erreichen. Hierzu war bis zu Beginn der 1980er Jahre stets die tätige Mithilfe der Freien Demokraten notwendig, die mit zuweilen gerade mal 5.8 oder 7.9 Prozent der Stimmen bei der Bundestagswahl darüber bestimmte, ob CDU/CSU oder SPD regierten.

So war es dann auch die FDP, die die sogenannte »Wende« herbeiführte, in dem sie sich von Helmut

---

[13] mehr zu diesem Thema in: Bohr, Felix: *Die Kriegsverbrecherlobby*, Suhrkamp-Verlag, Berlin 2018.

Schmidt (SPD) abwandte und im Rahmen eines konstruktiven Mißtrauensvotums Helmut Kohl von der CDU an die Macht brachte. Mit zunehmender Annäherung der SPD an die Grünen schwand jedoch die Macht der Königsmacherei bei der FDP.

Während CDU/CSU und FDP in den Grünen eine radikale Partei sahen und sie die SPD davor warnten, den demokratischen Konsens aufzugeben und mit den Grünen zu regieren, reifte bei den Sozialdemokraten die Erkenntnis, daß ohne eine Einbindung der Grünen die Regierungszeiten der CDU in Bund und Ländern kaum zu brechen seien. In Hessen kam es im Jahr 1985 zu ersten rot-grünen Koalition.

Somit standen sich seit Mitte der 1980er Jahre bis in die 2000er Jahre das schwarz-gelbe Lager (CDU/CSU und FDP) dem rot-grünen Lager (SPD und Grüne) gegenüber. Es lief also nach den Wahlen zum Bundestag oder zu den Landtagen darauf hinaus, daß, soweit CDU/CSU und SPD nicht alleine regieren konnten, Koalitionen mit dem jeweiligen kleineren Partner gebildet wurden, wobei die FDP teilweise auch mit der SPD regierte, was jedoch seit der »Wende« 1982 eher selten - vornehmlich in Rheinland-Pfalz – vorkam.

Nach der Jahrtausendwende erweiterte die Union ihre eigenen Koalitionsmöglichkeiten. Zunächst in Hamburg, später in Hessen koalierte die CDU mit den Grünen. Zugleich setzte die FDP auf stärkere Eigenständigkeit, dies zunächst mit bescheidenem Erfolg: Von November 2014 bis Mai 2016 war die Partei in keiner Landesregierung vertreten, während die Grünen ihre Regierungsbeteiligungen immer stärker ausweiteten und dies eben auch in Koalitionen mit der CDU. Ab 2016 nahmen die Beteiligungen der FDP an Landesregierungen wieder zu, konnten jedoch das Niveau der Grünen nicht mehr erreichen.

Die Geschichte von rot-rot-grün

Nach der deutschen Einheit und mit dem Erstarken der PDS, die sich nach der Fusion mit der WASG[14] Linkspartei nannte, eröffneten sich im linken Lager zunächst scheinbar neue Möglichkeiten. Die Union reagierte von Anfang an mit einer massiven »Rote-Socken-Kampagne«, in deren Rahmen sie auf die Vergangenheit der PDS als SED der DDR verwies und den Sozialdemokraten vorwarf, mit entsprechenden Koalitionen den demokratischen Konsens zu verlassen. Diese Argumentationslinie findet sich bei der Union teilweise noch heute.

Diese Kampagne war so wirkmächtig, daß die Sozialdemokraten über Jahre weitgehend eine Zusammenarbeit mit der PDS scheuten. In Sachsen-Anhalt kam es 1994 erstmals zu einer solchen Zusammenarbeit. In dem Bundesland waren CDU und SPD in einer Weise verfeindet, daß für die Sozialdemokraten eine Zusammenarbeit mit der Union undenkbar war. Die Folge war, daß der SPD-Spitzenkandidat eine Minderheitsregierung mit den Grünen bildete, die von der PDS toleriert wurde. Nach der Landtagswahl 1998, bei der die Grünen an der Sperrklausel scheiterten, setzte Reinhard Höppner sein »Magdeburger Modell« der Tolerierung einer SPD-Minderheitsregierung durch die PDS auch gegen Widerstände der Bundes-SPD fort, die nachteilige Auswirkungen durch eine »Rote-Socken-Kampagne« durch die CDU zur Bundestagswahl fürchtete.

Insbesondere warf die Union der PDS ihre SED-Vergangenheit und die Verantwortung für 40 Jahre DDR vor. Hingegen arbeitete die Union, die im Zuge der

---

[14] Wahlalternative Arbeit und soziale Gerechtigkeit, entstanden als Reaktion auf die neoliberale Agenda 2010 Gerhard Schröders.

deutschen Einheit mit der CDU der DDR und der Demokratischen Bauernpartei Deutschlands (DBD) fusioniert und somit im folgenden Wahlkampf zu den Landtagen über die Infrastruktur der Parteien einen Vorteil erlangte, die eigene nun gemeinsame Vergangenheit nicht auf. Zwar gestand Lothar de Maiziére ein, daß nicht nur die PDS sondern auch die CDU Verantwortung für die DDR trug, jedoch waren der Union wahltaktische Überlegungen wichtiger.[15]

Mit der Aufnahme der DBD übernahm die CDU auch die Verantwortung für deren Geschichte, ohne sich dazu zu bekennen. Dabei hatten deren Mitglieder die Bezirksparteischulen der SED besuchen dürfen. »[A]uch aus diesem Grund gibt es seit August 1990, als sich die DBD der CDU anschloß, im Deutschen Bundestag und in den ostdeutschen Landtagen wohl keine Partei, in der so viele gelernte Spätstalinisten Abgeordnete sind wie in der CDU. In diesem Punkt übertrifft sie vermutlich sogar die PDS.«[16]

Auch die Grünen galten der Union über lange Jahre als extremistische Partei. In Wahlkämpfen wurden CDU und CSU nicht müde, die SPD vor Koalitionen mit den Grünen zu warnen. Wie sehr sich Union und Grüne jedoch im Laufe der Jahre verändert haben, zeigt sich auch an den inzwischen recht zahlreichen Koalitionen, die beide Parteien miteinander auf die eine oder andere Weise bilden.

Nachdem nun die Grünen auch die Union als Koalitionspartner in Betracht ziehen, sind seitens der Grünen deutliche Absetzbewegungen aus dem »rot-grünen« Lager zu erkennen. Wie oben beschrieben, betonte auch Robert Habeck die Eigenständigkeit der Grünen und den mangelnden Willen, sich in einen Lagerwahl-

---

[15] vgl. Ditfurt, Christian von: *Blockflöten*. S. 12.
[16] ebd. S. 36.

kampf einbinden zu lassen.

Wird insbesondere von linken Sozialdemokraten und linken Grünen angesichts der Verschiebungen im Parteiensystem eine rot-rot-grüne Regierung als Chance begriffen, eine Mehrheit jenseits konservativer Parteien zu erreichen, gibt es hiergegen sowohl bei der SPD als auch bei den Grünen konservative und bürgerliche Kräfte, die dies teils still, teils offen ablehnen.

So scheiterte im Saarland im Jahr 2009 eine rot-rot-grüne Regierung teils auch an persönlichen Animositäten. Obgleich die politischen Schnittmengen zwischen SPD, Grünen und Linkspartei deutlich größer waren als zwischen CDU/FDP und Grünen,[17] entschieden sich die Grünen für eine Koalition mit letzteren. Der Vorsitzende der saarländischen Grünen begründete die Entscheidung unter anderem mit seiner Ablehnung gegenüber Lafontaine und der Linkspartei, worin ihm sein Landesverband folgte.[18] Die Grünen hoben unter anderem als ihre besondere Leistung hervor, daß sie mit Union und FDP im Koalitionsvertrag vereinbart hatten, die damals geltenden Studiengebühren abzuschaffen.[19] Hierin lag allerdings ein gemeinsames Ziel von Grünen, SPD und Linkspartei, das seitens der Grünen in einer rot-rot-grünen Koalition zu einem politisch geringeren Preis zu haben gewesen wäre.

Zeitgleich hatte rot-rot-grün in Thüringen eine Mehrheit im Landtag. Jedoch zierte sich der Spitzenkandidat der SPD, Christoph Matschie, ein solches Bündnis einzugehen. SPD und Grüne stellten der Linkspartei unter anderem die Bedingung, daß kein Linker Ministerprä-

---

[17] vgl. *Saarland: Die Koalitionen im Vergleich.* Süddeutsche Zeitung, 03.09.2009, S. 5.
[18] vgl. Widmann, Marc: *Saar-Grüne für Koalition mit CDU und FDP.* Süddeutsche Zeitung, 12.10.2009, S. 1.
[19] vgl. ebd.

sident des Bündnisses werden solle, obwohl die Linkspartei in dem Bündnis der stärkste Partner wäre.[20] Daß SPD und Grüne gegenüber der CDU eine solche Bedingung für eine Koalition gestellt hätte, ist nicht überliefert. Und obwohl die Linkspartei auf diese Bedingungen einzugehen bereit war, entschied sich Matschie für ein Bündnis mit der CDU.

Eine Wahlperiode später, also 2014, bildeten Linkspartei, SPD und Grüne eine rot-rot-grünes Bündnis in Thüringen mit Bodo Ramelow von der Linkspartei als Ministerpräsidenten. Es war das erste Mal, daß ein Politiker der Linkspartei eine Landesregierung anführte.

In Nordrhein-Westfalen scheiterte 2010 trotz großer politischer Übereinstimmungen und zahlreicher Gemeinsamkeiten im Wahlprogramm eine rot-rot-grüne Koalition an SPD und Grünen. Die Frage, ob die Linkspartei in Nordrhein-Westfalen die DDR als Unrechtsstaat ansah, war für SPD und Grüne in Nordrhein-Westfalen für das Scheitern der Verhandlungen ausschlaggebend.[21] Mit anderen Worten: Welche Haltung die Linkspartei zur DDR hatte, war Hannelore Kraft von der SPD und Sylvia Löhrmann von Grünen wichtiger als die politischen Gemeinsamkeiten, mit denen viele Projekte hätten durchgesetzt werden können. Dieser »Demokratietest« für die Linkspartei ging auf die Grünen in Thüringen zurück.[22] Und bis heute scheint der Co-Vorsitzenden Robert Habeck der Meinung zu sein, daß die Linkspartei in besonderer Weise ihre Regierungsfähigkeit beweisen müsse.[23]

---

[20] vgl. *Ramelow will verzichten.* Süddeutsche Zeitung, 18.09.2009, S. 6
[21] vgl. Dörries, Bernd: *Weder Koalitions- noch regierungsfähig.* Süddeutsche Zeitung, 21.05.2010, S. 6.
[22] vgl. ebd.
[23] vgl. https://www.zeit.de/politik/deutschland/2021-

Auch im Deutschen Bundestag hätte es nach der Wahl im Jahr 2013 nach dem Scheitern von FDP und AfD an der Sperrklausel eine rot-rot-grüne Mehrheit mit 320 Stimmen gegenüber 311 Stimmen von CDU/CSU gegeben. Weil sich aber die Sozialdemokraten vor der Wahl festgelegt hatten, ein solches Bündnis nicht einzugehen, und weil mit Peer Steinbrück überdies ein Kanzlerkandidat angetreten war, der zum konservativen Flügel der SPD gehörte, konnte sich diese Mehrheit nicht realisieren. Es wurde eine große Koalition aus CDU/CSU und SPD gebildet, die Sonderregelungen für die besonders kleine Opposition nötig machte.

Als gegen Ende der Wahlperiode die Gemeinsamkeiten von CDU/CSU und SPD aufgebraucht schienen, kam erneut eine Diskussion über ein rot-rot-grünes Bündnis auf, das sich im letzten Jahr der Wahlperiode als Reformbündnis profilieren und somit eine bessere Ausgangslage für die Bundestagswahl 2017 schaffen konnte. Es gab zwar durchaus Gespräche, an denen auch der damalige SPD-Kanzlerkandidat beteiligt war, doch die konservativen Kräfte insbesondere innerhalb der SPD hielten einen Bruch der Koalition mit der Union für riskanter als die Chancen, die in dem Wagnis einer rot-rot-grünen Regierung steckten.

Als Schlußfolgerung aus dem Dilemma faßte die SPD nach der Bundestagswahl 2013 einen Beschluß, in dem sie sich eine Koalition mit der Linkspartei unter Bedingungen öffnete, die zugleich bei entsprechender Interessenlage ein solches Bündnis verhindern konnten. Robert Habecks Bedingungen für ein rot-rot-grünes Bündnis lesen sich durchaus ähnlich wie der Beschluß der SPD, auf den auch Olaf Scholz nach seiner Nomi-

---

05/bundestagswahl-gruene-robert-habeck-linkspartei (zuletzt aufgerufen: 11.12.2022).

nierung zum Kanzlerkandidaten verwies.[24]

Mit den beiden neuen Vorsitzenden Saskia Esken und Norbert Walter-Borjans hatte die SPD nun eine Führung, die politisch als Links galt und die bereits erklärt hatte, auch in einer rot-rot-grünen Koalition regieren zu wollen. Doch am Ende kam es auf die Entscheidung des Kanzlerkandidaten Olaf Scholz an, der im Hinblick auf die Regierungsbildung andere Prioritäten hatte. Sowohl Habeck als Co-Vorsitzender als auch Scholz als SPD-Kanzlerkandidat hatten mit ihren Äußerungen in dieser Hinsicht bereits signalisiert, daß ihnen andere Optionen (FDP?) lieber wären. Insofern war es schon vor der Bundestagswahl sehr fraglich, ob die Perspektive für eine rot-rot-grüne Koalition bestand, oder ob diese Möglichkeit durch die Entscheidung von SPD und Grünen für bürgerliche Kandidat/innen zunächst obsolet geworden war.

Die Corona-Pandemie

Im Verlauf dieses Buches wird die Corona-Pandemie immer wieder eine Rolle spielen, denn sie war während des kompletten Wahlkampfes präsent und sollte auch nach der Bundestagswahl bis in den Frühsommer hinein ein wichtiges und kontroverses Thema der neuen Regierung sein.

Weil die bedeutsamen Details im Verlauf dieser Pandemie für den Wahlkampf an den entsprechenden Stellen im Buch diskutiert werden, sollen hier einige wesentliche Entwicklungen und Gedanken zur Corona-Krise dargestellt werden.

Mit dem Ausbruch der Corona-Pandemie wurde auch die Politik in Deutschland vor neue Herausforderungen

---

[24] vgl. Fried, Nico: *Scholz führt SPD in Bundestagswahl.* Süddeutsche Zeitung, 11.08.2020, S. 1.

gestellt. War anfangs nicht sichtbar, wie ernst und dramatisch die Pandemie werden würde, mußte die Politik auch in Deutschland im Verlauf der Pandemie hinzulernen und die entsprechenden Maßnahmen immer wieder anpassen.

So hieß es zum Beispiel noch am Anfang, daß das Tragen von Masken kaum mehr Schutz bewirken würde. Später sollte das Maskentragen zu den tragenden Säulen des Infektionsschutzes gehören. Der Weg dahin führte über Ratschläge wie zum Beispiel sich einen Schal umzuschlagen oder die Masken selbst aus alten Laken zu fertigen. Schließlich wurde die FFP2-Maske zu einem der zentralen Mittel der Pandemie.

Insbesondere nach dem großen Ausbruch der Pandemie im Kreis Heinsberg (nahe Aachen) wurde die Pandemie in der Politik zunehmend als zentrales Problem ernstgenommen. Dies ging mit Versorgungsengpässen insbesondere in den Bereichen Hygiene- und Desinfektionsmittel wie auch bei Grundnahrungsmittel und Fertigspeisen einher. Die in den entsprechenden Abteilungen der Kaufhäuser herrschende gähnende Leere in den Regalen wurde zu einem Symbol des Anfangs der Krise.

Als weiter Maßnahmen ergriff die Politik das Absagen von Großveranstaltungen und sogenannte »Lockdowns«, also die Schließung von Gastronomie und Geschäften, die nicht wichtig waren für die Produkte des täglichen Bedarfs. Mit der Ausbreitung des Virus' kam es endlich auch zu Schulschließungen und sogenanntes »Homeschooling«, also die Unterrichtung der Kinder unter Mitwirkung der Eltern zu Hause über das Internet.

Mit der Entwicklung der Impfstoffe keimte auch in der Politik die Hoffnung auf, daß die Pandemie zeitnahe überwunden werden konnte. Besonders die mRNA-

Impfstoffe weckten die Hoffnung, daß Corona bald nur eine düstere Erinnerung sein würde. Noch bevor die Impfstoffe auf dem Markt waren, versprach die (Regierungs-)Politik den Menschen, daß sich das Land bald aus der Pandemie »herausimpfen« werde.

Mit der Freigabe der Impfstoffe, die anfangs knapp waren, schuf die Politik Gruppen von Menschen, die zuerst geimpft werden sollten, weil sie ein besonders hohes Risiko für einen schweren Verlauf hatten, nämlich ältere und vorerkrankte Menschen. Im Sommer 2021 wurde der Impfstoff für alle Erwachsenen freigegeben.

Daß es trotz Impfung zu Todesfällen kam, hing mit der Wirkungsweise des Impfstoffes zusammen, der, vereinfacht gesagt, das Immunsystem anleitete, Antikörper gegen den Virus zu bilden. War das Immunsystem dazu nicht mehr hinreichend in der Lage, wie bei älteren Menschen oder Menschen, die sich einer Chemo-Therapie unterziehen mußten oder nach einer Organtransplantation Medikamente gegen die Abstoßung des transplantierten Organs bekamen, schränkte dies die Wirkung der Impfung ein. Der Schutz dieser Gruppen hätte somit eine weitere vordringliche Aufgabe der Gesundheitspolitik sein müssen.

Nach wie vor stand das Versprechen der Politik im Raum, daß sich das Land aus der Pandemie »herausimpfen« würde. Obwohl sich mit Zunahme der Geimpften zeigte, daß die Impfstoffe nicht in der Lage waren, die Übertragung des Virus und den Ausbruch der Krankheit komplett zu verhindern, wurde dieses Versprechen nicht korrigiert. Tatsächlich reduzierte der Impfstoff die Gefahr schwerer Verläufe und die Wahrscheinlichkeit der Übertragung, weshalb die Impfung bis heute eine sinnvolle Maßnahme ist. Gleichwohl aber förderten diese vermeintlichen Schwächen des Impfstoffes die Behauptungen der Gegner - neben weiteren abwegigen Verschwörungstheorien, die hier nicht diskutiert werden sollen –, daß die Impfung per se nichts bringe.

Als notwendig erschien somit, neben der Impfung weitere Maßnahmen wie die Pflicht zum Maskentragen aufrecht zu erhalten, wozu der Politik ebenso der Mut fehlte, wie in den Spitzen der Pandemieausbrüche in Deutschland umfassende Schließungen des öffentlichen Lebens vorzunehmen.

Hinzu kam, daß insbesondere FDP und AfD wesentliche Teile der Maßnahmen ablehnten und somit auch ein Kampf um die Stimmen der Maßnahmengegner zwischen diesen Parteien ausbrach. Auch nach Bildung der Koalition mit SPD und Grünen war die Gegnerschaft zu Corona-Maßnahmen in der FDP so stark, daß die neue Regierung wirksame Maßnahmen gegen die Pandemie – wie eine allgemeine Impfpflicht – im Parlament nicht durchsetzen konnte.

Auch das Versprechen der Regierung, bis September jedem Erwachsenen ein Impfangebot zu machen, das an die Zusage anknüpfte, das Land könne sich aus der Pandemie »herausimpfen«, roch durchaus nach Wahlkampf, denn im September fanden die Bundestagswahlen statt. Dies ließ darauf schließen, daß der zugesagte Termin nicht so ganz zufällig gewählt worden war. Im Vorfeld der Bundestagswahl im Juli 2021 wiederholte die Bundeskanzlerin Angela Merkel bei einem Besuch des Robert Koch Instituts: »Je mehr geimpft sind, umso freier werden wir wieder sein, umso freier können wir wieder leben«.[25] Zugleich lehnten sie und der sie begleitende Gesundheitsminister Spahn eine Impfpflicht ab, sowohl eine allgemeine wie auch eine

---

[25] Slavik, Angelika: *Bundesregierung lehnt Impfpflicht ab.* Süddeutsche Zeitung, 14.07.2021, S. 1.

Impfpflicht für medizinisches Personal.[26]

Bei allem Schrecken und Leid, das durch die Pandemie ausgelöst wurde, kam Deutschland vergleichsweise glimpflich durch die Pandemie angesichts der Bilder von Militär-LKW voller Särge in Italien oder der Massengräber in Brasilien. Dennoch wäre in Deutschland noch mehr Leid vermeidbar gewesen, wären weitere und strengere Maßnahmen nicht an wirtschaftlichen und sonstigen Interessen weiterer Gruppen gescheitert.

Corona-Neuinfektionen nach Monaten[27]

	2020	2021	2022
Jan		496 626	2 665 111
Feb	64	225 973	4 929 574
März	61 849	366 537	6 359 402
April	97 206	572 724	3 693 558
Mai	22 363	299 529	1 507 929
Juni	12 777	47 015	1 874 865
Juli	14 439	41 024	2 672 453
Aug	33 683	173 691	1 291 843
Sept	46 838	284 645	1 167 216
Okt	229 534	370 049	2 258 758
Nov	535 116	1 239 263	892 354
Dez	665 868	1 313 609	
Total	**1 719 737**	**5 430 685**	**29 349 178**
Anteil	4.7%	14.9%	80.4%

Im dritten Corona-Jahr 2022 stellte sich nicht nur in der Politik, sondern auch in der Bevölkerung eine

---

[26] vgl. ebd.
[27] Quelle der Zahlen: Robert Koch Institut, eigene Darstellung. Stand: 30.11.2022.

gewisse Corona-Müdigkeit ein. Im Vorfeld des Winters 2022/23 wurden viele Maßnahmen aufgehoben. Der neue Gesundheitsminister Lauterbach warnte zwar regelmäßig vor einem möglichen schweren Winter mit neuen Varianten, stand mit seiner Vorsicht jedoch innerhalb der Regierung nahezu allein.

Es wird abzuwarten bleiben, wie es sich auf die Pandemieentwicklung auswirkt, wenn die Menschen nun ohne Masken auf engem Raum auf den Weihnachtsmärkten herumstehen oder –laufen, und wenn auch gerade in Innenräumen Veranstaltungen ohne Maskenpflicht stattfinden, gerade dann, wenn neue und ansteckendere Varianten auftauchen sollten.

Rückblickend auf den Wahlkampf 2021 läßt sich sagen, daß die Corona-Pandemie nicht nur zu den zentralen Themen zählte, sondern auch den Wahlkampf und die Wahl an sich stark beeinflußte. Auf den Straßenwahlkampf und auf Großveranstaltungen mußte wegen der Pandemielage weitgehend verzichtet werden. Auch der Anteil der Briefwähler war bei der Bundestagswahl 2021 pandemiebedingt höher als bei vorangegangenen Wahlen. Betrug der Anteil der Briefwähler/innen bei der Bundestagswahl 2017 noch 28.6 Prozent, stieg er bei der Bundestagswahl 2021 auf 47.3 Prozent.

Auch Parteitage und Personalentscheidungen wurden von der Pandemie beeinflußt, wie im Verlauf dieses Buches noch zu zeigen sein wird. Somit läßt sich sagen, daß Corona wohl das wichtigste Thema bei der Bundestagswahl 2021 war.

Sozialdemokratische Partei Deutschland (SPD)

Die Bundestagswahl 2017 bescherte der SPD und auch der bis dahin regierenden Koalitionen eine krachende Niederlage, wie es auch der damalige Kanzlerkandidat Martin Schulz treffend beschrieb. In der Wahlperiode zuvor hatten CDU/CSU und SPD bereits in einer großen Koalition regiert, die auch durch das Scheitern von FDP und AfD an der Sperrklausel über eine so große Mehrheit im Bundestag verfügte, daß hinsichtlich der Möglichkeiten der Oppositionsparteien, die über gerade mal 20% der Mandate verfügte, eine verfassungspolitische Debatte einsetze. Denn die parlamentarischen Kontrollrechte knüpften teilweise an Quoren von 25% an, die Linkspartei und Grüne ohne die Unterstützung aus den Koalitionsparteien nicht erreichen konnten. Für die Wahlperiode wurden in einigen Bereichen Erleichterungen für die Opposition geschaffen ohne an den Status als Opposition anzuknüpfen.

Auch das Verfassungsgericht hatte darüber zu entscheiden und lehnte in seinem Urteil eine direkte Anknüpfung an Rechte aufgrund des Status als Opposition ab. Zwar enthalte das Grundgesetz den Grundsatz effektiver Opposition, der durch die Rechtsprechung des Bundesverfassungsgerichts konkretisiert worden sei, gleichwohl aber würden keine expliziten Oppositionsfraktionsrechte begründet, weshalb eine Absenkung grundgesetzlicher Quoren zur Wahrnehmung parlamentarischer Minderheitenrechte abzulehnen sei.[28] Der Grund hierfür lag darin, daß die Minderheitenrechte nicht explizit der Opposition sondern allen Abgeordneten zustünden. Daher sah das Verfassungsgericht keinen Raum für Sonderrechte für die Opposi-

---

[28] vgl. BVerfGE 142, 25, Leitsätze.

tion. Mit der Bundestagswahl 2017 und dem daraus resultierenden 19. Bundestag stellte sich diese Problematik nicht mehr.

Eine der Konsequenzen des schlechten Abschneidens der SPD war die Beauftragung einer Studie zur Analyse der Fehler, die im Bundestagswahlkampf 2017 gemacht wurden. Ein Kritikpunkt in der Studie war die schlechte Vorbereitung der Kanzlerkandidatur von Martin Schulz, die auch mit seiner späten Ernennung zusammenhing. Möglicherweise um die Partei im Gespräch zu halten, hatte der Vorstand um den Vorsitzenden Sigmar Gabriel die Entscheidung über die Kanzlerkandidatur, für die er auch selbst im Gespräch war, möglichst lange verzögert. In der Studie wurde dies kritisiert, denn die späte Benennung des Kanzlerkandidaten erschwerte es, die Kampagne auf den Kandidaten abzustimmen.[29]

Die Schlußfolgerung, die die Sozialdemokraten hieraus zogen, war eine frühzeitige Ernennung des Kanzlerkandidaten für die Bundestagswahl 2021, so daß das Wahlprogramm und die Kampagne auf den Kandidaten abgestimmt werden konnte. Eine frühzeitige Vorbereitung der Kanzlerkandidatur wurde auch in der Studie empfohlen.[30]

Insgesamt setzte für die Partei nach der Bundestagswahl eine krisenhafte Zeit ein, in der sie mehrfach den Vorsitzenden wechseln sollten. Auch an der Debatte über die Beteiligung der Sozialdemokraten an einer weiteren großen Koalition drohte die Partei zu zerreißen.

---

[29] vgl. Faus, Jana u.a.: *Aus Fehlern lernen.* S. 51f.
[30] vgl. ebd. S. 48.

Die Bundestagswahl 2017

Mit der Bundestagswahl 2017 erledigte sich diese Frage, denn das Wahlergebnis gab nunmehr keine Regierungskonstellation her, bei der die Oppositionsfraktionen in eine mit der vorangegangenen Wahlperiode vergleichbare Bedrängnis kommen würden.

Ergebnisse der Bundestagswahlen 2013 und 2017

Partei	BTW 2013	BTW 2017	Sitze 2013	Sitze 2017
CDU/CSU	41.5	33.0	311	246
SPD	25.7	20.5	193	153
Linke.	8.6	9.2	64	69
GRÜ	8.4	8.9	63	67
FDP	4.8	10.7	-	80
AfD	4.7	12.6	-	94
Total	-	-	**631**	**709**

Quelle der Zahlen: Homepage des Bundeswahlleiter (https://www.bundeswahlleiter.de/ - zuletzt aufgerufen: 11.12.2022)

Bei der Bundestagswahl 2017 zogen auch FDP und AfD in den Bundestag ein. Somit gab es für eine Regierungsbildung ohne Beteiligung der rechtspopulistischen AfD nur zwei Konstellationen, nämlich eine Regierung aus CDU/CSU, FDP und Grünen oder eine Fortsetzung der Koalition aus CDU/CSU und SPD. Letztere Möglichkeit lehnte der SPD-Kanzlerkandidat und Parteivorsitzende Martin Schulz noch am Wahlabend kategorisch ab. Insgesamt hatte die große Koalition 13.8 Prozentpunkte gegenüber der Bundestagswahl von 2013 verloren und die SPD zugleich mit nur 20.5% ihr historisch schlechtestes Ergebnis einer Bundestagswahl eingefahren. Hieraus, so Schulz, folge ganz klar, daß der Wählerauftrag an die Sozialdemokraten der Gang in die Opposition sei.[31]

Somit begannen also die Koalitionsverhandlungen zwischen CDU/CSU, FDP und Grüne, die sich eine längere Zeit hinzogen. Nach Aussagen von CDU/CSU und Grünen standen dann die Verhandler der FDP kurz vor einer möglichen Einigung vom Tisch auf und verließen die Verhandlungen. FDP-Chef Christian Lindner trat vor die Presse und verkündete, daß es besser sei, nicht zu regieren, als falsch zu regieren.[32] Zuvor hatte die SPD noch einmal bekräftigt, für eine große Koalition nicht zur Verfügung zu stehen.[33]

Nach dieser Festlegung durch die Sozialdemokraten gab es nur drei Möglichkeiten: Entweder setzten sich CDU/CSU, Grüne und FDP noch einmal zusammen und versuchten, die Probleme doch noch zu lösen oder die CDU/CSU bildete eine Minderheitsregierung oder aber es käme zu Neuwahlen zum Deutschen Bundestag. Die Bundeskanzlerin zeigte jedoch nur wenig Sympathie für die Idee, eine Minderheitsregierung zu bilden und zu Neuverhandlungen mit Union, Grünen und FDP fehlte offenbar nach dem Scheitern der Wille – zumal ohnehin ja eigentlich eine mögliche Koalition vor dem Abschluß gestanden hätte.

Somit sah es für eine politische Sekunde danach aus, als käme es zu Neuwahlen – bis Bundespräsident Frank-Walter Steinmeier erklärte, daß er Neuwahlen kategorisch ablehne. Er führte Gespräche mit den Parteien des neuen Bundestages und drängte die SPD

---

[31] vgl. Heidtmann, Jan: *Merkel bleibt nur die Jamaika-Koalition.* Süddeutsche Zeitung, 25.09.2017, S. 1.
[32] vgl. vgl. Fried, Nico: *Jamaika-Koalition gescheitert.* Süddeutsche Zeitung, 20.11.2017, S. 1.
[33] vgl. ebd.

dazu, Ihre Weigerung, in eine erneute große Koalition einzusteigen, aufzugeben. Die Kehrtwende in dieser Frage schwächte den Vorsitzenden Martin Schulz. Gleichwohl kam es auch nach heftigen innerparteilichen Auseinandersetzungen zu Koalitionsverhandlungen und nach einer Basisabstimmung zur erneuten Koalition zwischen CDU/CSU und SPD.[34] Der ohnehin durch die Wahlniederlage geschwächte Martin Schulz mußte schließlich auch wegen ungeschickten Agierens als Parteivorsitzender zurücktreten.

Mit diesem Vorgang begann die Führungskrise der SPD, die mit der Wahl einer neuen Vorsitzenden nur vorübergehend gelöst wurde. Auch dabei verhielten sich die Parteioberen ungeschickt. Als klar wurde, daß Andrea Nahles neue Parteivorsitzende werden sollte, formierte sich Widerstand an der Parteibasis, und die Flensburger Oberbürgermeisterin Simone Lange erklärte ihre Kandidatur, während an der Spitze der Partei gar im Gespräch war, Andrea Nahles zur geschäftsführenden Vorsitzenden zu machen, obwohl sie keine Parteifunktion bekleidete und es mehrere Stellvertreter gab, die die Partei bis zum nächsten Parteitag führen konnten. Nach innerparteilicher Kritik wurde dieser Plan aufgegeben und Olaf Scholz wurde geschäftsführender Parteivorsitzender. Der Versuch, durch die Ernennung von Andrea Nahles zur kommissarischen Vorsitzenden im Hinblick auf die bevorstehenden Vorsitzenden-Wahlen Fakten zu schaffen, war gescheitert. Angesichts der Führungskrise wollte die Basis an den Entscheidungen beteiligt werden. Eine weitere Hinterzimmer-Entscheidung über den Posten der Vorsitzenden sollte es nicht geben, auch wenn sich die Parteiführung am Ende durchsetze.

---

[34] Die komplette Auseinandersetzung und der Prozeß zur Regierungsbildung wird dargestellt in: Bercanay, Richard: *Vision oder Fission?* 2019.

Die Ära Andrea Nahles

Auf dem Parteitag traten dann Andrea Nahles und Simone Lange als Kandidatinnen um den Vorsitz gegeneinander an. Lange erzielte einen Achtungserfolg, während Nahles mit gerade mal 66.4% zur Vorsitzenden gewählt wurde. Hierin dürfte auch das Unbehagen der Delegierten zum Ausdruck gekommen sein, daß die Frage des Vorsitzes wieder einmal in der Parteiführung entschieden wurde.

Statt nun die unterlegene Kandidatin einzubinden und wenigstens zum Abschluß des Parteitages auf die Bühne zu holen, ignorierte der Vorstand Simone Lange, die ja immerhin ein Drittel der Stimmen erreicht hatte.[35]

Nahles, die anfangs den Oppositionskurs von Martin Schulz unterstützt hatte, wandelte sich nach der Weigerung Steinmeiers, Neuwahlen auszurufen, zur glühenden Befürworterin der großen Koalition und ging auch nicht gerade zimperlich mit den Kritikern dieser Linie um. Zugleich wollte sie die Erneuerung der Partei anstoßen und organisierte zu diesem Zweck Debattencamps, auf denen über den neuen Kurs der Partei diskutiert werden solle. Was von den Diskussionen am Ende aufgegriffen wurde, entschied jedoch der Parteivorstand.

Im Anschluß an ihre Wahl wirkte Nahles ausgesprochen selbstzufrieden und war auf zahlreichen Pressephotos mit einem sehr zufriedenen Grinsen zu sehen. Zugleich blieb das Unbehagen in Teilen der Partei hinsichtlich der Beteiligung der SPD an der großen Koalition weiterhin spürbar. Auch die Jusos, die den Eintritt in die große Koalition bekämpft hatten, zeigten sich weiterhin kritisch, was Nahles zu entspre-

---

[35] vgl. Lange, Simone: *Mehr Sozialdemokratie wagen.* S. 60f.

chenden Reaktionen auf dem Parteitag der Jusos bewegte.

Im Sommer kam es dann zu einem Konflikt zwischen CDU/CSU und SPD um die Entlassung des damaligen Verfassungsschutzpräsidenten Hans-Georg Maaßen. Die Stimmung in der Koalition war ohnehin bereits gereizt, nachdem es eine Auseinandersetzung zwischen CDU und CSU um die Flüchtlingspolitik gegeben hatte.

In Chemnitz war es im August 2018 zu einer Demonstration gekommen, bei denen Migranten oder Menschen, die aussahen wie Migranten, von Rechtsextremisten gejagt wurden. Zuvor war es zur Tötung eines Deutschen durch Migranten gekommen, deren Umstände jedoch nicht geklärt waren.

Nachdem die Regierung die Menschenjagten von Chemnitz kritisierte, meldete sich Verfassungsschutzpräsident Hans-Georg Maaßen in der *Bild* zu Wort und erklärte, daß er die »Skepsis gegenüber den Medienberichten zu rechtsextremistischen Hetzjagden« in Chemnitz teile.[36] Zu der Zeit kursierte in den sozialen Medien im Internet ein Handyvideo. Hierauf war zu sehen, wie Deutsche fremdländisch aussehende Personen jagten. Dieses Video galt unter anderem als Beleg für die Hetzjagden in Chemnitz und wurde auch in den traditionellen Medien aufgegriffen. Maaßen bezweifelte die Echtheit des Videos, ohne Belege zu liefern.[37] In seinem Interview wollte Maaßen die seiner Meinung nach bei den Beamten der Sicherheitsbehörden vorhandene Verwunderung und Verärgerung darüber wiedergeben, daß die Regierung von Hetzjagden ge-

---

[36] Braun, Stefan und Robert Rossmann: *Mit Sicherheit verunsichert.* Süddeutsche Zeitung, 08.09.2018, S. 1.
[37] vgl. ebd.

sprochen habe ohne deren Einschätzung abzuwarten.[38] Hinzu kam noch, daß Maaßen unterstellte, daß das Video, das die Verfolgungsszene zeigte, möglicherweise gefälscht wurde, um die Öffentlichkeit von dem Mord in Chemnitz abzulenken.[39]

Obwohl er keine Belege für seine Behauptung liefern konnte, befeuerte Maaßen mit seinen Aussagen rechte Verschwörungstheorien, nach denen die Medien – oder gar die Kanzlerin – lügen, um von dem tödlichen Messerangriff auf abzulenken, der mutmaßlich von einem Iraker und einem Syrer begangen worden sei, um so Kritik an der Flüchtlingspolitik zu unterdrücken.[40]

Weil sich in den folgenden Tagen herausstellte, daß das Video wohl doch echt war - und weil Maaßen zudem auch in den Verdacht geraten war, die AfD dahingehend beraten zu haben, wie sie eine Beobachtung durch den Verfassungsschutz vermeiden könne, forderte die SPD schließlich die Entlassung Maaßens. Innenminister Seehofer lehnte dies ab und wollte zunächst um jeden Preis an Maaßen festhalten. Es folgte eine Krisensitzung, an der Kanzlerin Merkel, Innenminister Seehofer und SPD-Partei- und Fraktionschefin Nahles teilnahmen. In dieser Sitzung stimmte Nahles einem »Kompromiß« zu, nach dem Maaßen zwar als Präsident des Bundesamtes für Verfassungsschutz gehen mußte, dafür aber als Staatssekretär in das Innenministerium von Horst Seehofer versetzt würde, was einer Beförderung Maaßens gleichkäme. So konnte Nahles zwar für sich in Anspruch nehmen, die Ablösung Maaßens durchgesetzt zu haben, zugleich verbesserte Maaßen nicht nur seine Stellung, sondern

---

[38] vgl. ebd.
[39] vgl. ebd.
[40] vgl. Forudastan, Ferdos: *Beweise bitte*. Süddeutsche Zeitung, 08.09.2018, S. 4.

über dies auch sein Grundgehalt um 2000 Euro.[41]

Nach dieser Entscheidung geriet Andrea Nahles innerparteilich erheblich unter Druck. Es folgte eine weitere Sitzung der Parteivorsitzenden von CDU, CSU und SPD, auf der beschlossen wurde, daß Maaßen ohne Erhöhung der Bezüge Sonderberater für europäische und internationale Aufgaben würde.[42]

Mit dieser Entscheidung war Nahles zunächst weitgehend wieder aus der Kritik, wenngleich auch diese nicht ganz verstummte. Auch Bundeskanzlerin Angela Merkel entschuldigte sich bei der Bevölkerung für ihre Fehleinschätzung im Zusammenhang mit diesem Kompromiß. Es kehrte zunächst Ruhe ein im Fall Maaßen.

Mit seiner Rede vom 18. Oktober 2018 vor europäischen Geheimdienstchefs erledigte Hans-Georg Maaßen seinen Fall dann selbst. Er bekräftigte noch einmal seine Auffassung, in der Frage der Diskussionen um das Video, auf dem die Hetzjagten zu sehen waren, nichts falsch gemacht zu haben und beschuldigte »linksradikale Kräfte in der SPD«, seine Äußerungen zum Vorwand für den Bruch der Koalition zu nutzen gewollt zu haben.[43]

Nun war auch Seehofer klar, daß er Maaßen nicht mehr halten konnte und versetzte ihn in den einstweiligen Ruhestand.

Ende Oktober 2018 fanden die Landtagswahlen in Hessen statt, die für CDU und SPD zu einem Desaster wurden. Das schlechte Ergebnis der beiden Parteien dürfte

---

[41] vgl.: Fried, Nico, Ronen Steinke und Mike Szymanski: *Maaßen wird abgelöst – und befördert.* Süddeutsche Zeitung, 19.09.2018, S. 1.
[42] vgl. von Bullion, Constanze und Susanne Höll: *Koalition erringt Kompromiß.* Süddeutsche Zeitung, 24.09.2018, S. 1.
[43] vgl. https://www.sueddeutsche.de/politik/maassen-rede-wortlaut-1.4197439 (zuletzt aufgerufen: 11.12.2022).

auf die schlechte Stimmung innerhalb der großen Koalition zurückzuführen sein, denn schon vor der Maaßen-Affäre gab es einen Konflikt zunächst zwischen CDU und CSU um die Flüchtlingspolitik. Sowohl CDU als auch SPD verloren je 11 Prozentpunkte in Hessen, wobei der Spitzenkandidat der SPD in Hessen von Nahles deutlich stärker unterstützt wurde als die SPD-Spitzenkandidatin in Bayern. Sowohl die Maaßen-Affäre als auch das schlechte Abschneiden bei den Landtagswahlen im Herbst 2018 schwächte die SPD-Vorsitzende Nahles und führte auch zu erneuten Debatten um die Sinnhaftigkeit eines Verbleibs in der großen Koalition. Für Nahles jedoch kam ein Ausstieg aus der großen Koalition, die sie zwar für das schlechte Abschneiden der Partei mitverantwortlich machte, nicht in Frage. Sie wollte weiterhin an dem Konzept des »guten Regierens« festhalten und blieb überzeugt, daß wenn die SPD innerhalb der großen Koalition nur genug eigene Projekte durchsetze, sich dies auch irgendwann in steigenden Umfragezahlen niederschlagen würde.

Auch in der Union führte das schlechte Abschneiden zu Konsequenzen: Bundeskanzlerin Merkel erklärte, daß sie nicht erneut für den Vorsitz der CDU kandidieren würde und daß diese Wahlperiode ihre letzte als Kanzlerin sein würde. Somit lagen im Jahr 2018 nicht nur die Wurzeln für die Führungskrise der SPD sondern eben auch der CDU.

Innerparteilich organisierte Andrea Nahles nun ein Debatten-Camp, auf dem das Programm der Partei fortentwickelt werden sollte. Zu den Schlußfolgerungen aus den Camps zählt das später von Andrea Nahles vorgestellte Sozialstaats-Papier mit dem Titel »Arbeit – Solidarität – Menschlichkeit. Ein neuer Sozialstaat für eine neue Zeit«.[44] Das Papier sollte die Agenda 2010 und Hartz IV überwinden. Tatsächlich enthielt es lediglich einige Modifikationen wie zwei Jahre lang kleine Überprüfung von Vermögen und Wohnungsgröße für jene, die aus ALG I herausfallen oder die Abschaffung »sinnwidrige[r] und unwürdige[r] Sanktionen«[45]. Im Grundsatz würde jedoch an Hartz IV festgehalten, und darüber hinaus eine neue Arbeitswelt beschrieben, die sich auch auf Weiterbildung und einer Stärkung der Vereinbarkeit von Arbeit und Familie orientiert.

Eine klare Absage enthält das Sozialstaatspapier von Andrea Nahles an ein bedingungsloses Grundeinkommen und formuliert den Gegenentwurf des »Rechts auf Arbeit«. Mit dem bedingungslosen Grundeinkommen kaufe sich der Staat von der Verantwortung frei, Arbeit und Teilhabe zu ermöglichen.[46]

Dies entspricht genau der Position von Andrea Nahles, die diese in ihrem Buch »Frau, gläubig, links« bereits gut zehn Jahre zuvor formuliert hat. Hier heißt es, daß die Wohlstandsproduktion ohne entfremdete Arbeit nicht auskomme und ein Sozialsystem, das ohne Prüfung der Bedürftigkeit und der Arbeitsbereitschaft jenen Menschen nicht erklärt werden könne, »die notwendige, aber sehr harte und belastende Arbeit verrichten«[47].

Während Katja Kipping (Die Linke.) in dem bedingungslosen Grundeinkommen eine Demokratieprämie sehe, betrachtete Nahles dieses als Stillhalteprämie, damit die Menschen vom Arbeitsmarkt verschwän-

---

[44] SPD-Parteivorstand (Hrsg.): *Arbeit – Solidarität – Menschlichkeit.*
[45] ebd. S. 14.
[46] vgl. ebd. S. 3.
[47] Nahles, Andrea: *Frau, gläubig, links.* S. 63f.

den.[48] Grundsätzlich wollte Andrea Nahles an dem Modell der Erwerbsarbeit des 19. und 20. Jahrhunderts festhalten und verschloß sich jeder Debatte darüber, wie ein alternatives Einkommensmodell in einer zunehmend computerisierten Zukunft aussehen könnte.

Im Frühjahr 2019 wuchs die Kritik an der Vorsitzenden Andrea Nahles wieder an, und Nahles forderte ihre Kritiker heraus, indem sie turnusmäßigen Wahlen der Fraktionsspitze der SPD vom Herbst auf das Frühjahr vorziehen wollte. Doch hierzu kam es nicht mehr. Ende Mai trat Nahles von allen Ämtern zurück und die SPD befand sich unversehens in einer neuen Führungskrise.

Wahl der neuen SPD-Vorsitzenden

Nachdem die erste Vorsitzende der SPD nur knapp über ein Jahr lang im Amt war, entschloß sich die Partei, bei der Wahl des Vorsitzenden neue Wege zu gehen. Diesmal wollte sich die Partei bei der Entscheidung über die neue Führung Zeit lassen.

So übernahmen Malu Dreyer (Ministerpräsidentin von Rheinland-Pfalz), Thorsten Schäfer-Gümbel (ehemaliger Spitzenkandidat in Hessen) und Manuela Schwesig (Ministerpräsidentin von Mecklenburg-Vorpommern) kommissarisch den Parteivorsitz und leiteten das Verfahren für die Neuwahl des Vorsitzenden. Angestrebt wurde für den Vorsitz eine Doppelspitze, wie sie auch bei Linkspartei und Grünen üblich war.

Über den Sommer konnten sich nun Teams, bei denen mindestens eine Frau dabei sein mußte, um den Parteivorsitz bewerben.[49] Sechs Teams standen in der ersten Runde der Abstimmung im Oktober 2019 zur Wahl, von denen zwei Teams in eine Stichwahl im

---

[48] vgl. ebd. S. 64.
[49] Details zum Verfahren und zum Ablauf in: Bercanay, Richard: Vision oder Fission.

November gingen.[50]

Im Verlauf des Septembers bis zur ersten Abstimmung gingen die Teams auf Tour, erläuterten ihre Ziele als Parteivorsitzende und standen der Parteibasis für Fragen zur Verfügung. Neben verschiedenen politischen Vorhaben der unterschiedlichen Teams bildeten sich zwei Lager heraus, nämlich jene, die für einen Verbleib in der großen Koalition waren, und jene, die einen baldmöglichsten Ausstieg in Aussicht stellten. Am Ende der ersten Abstimmung standen sich genau diese beiden Lager in der Stichwahl gegenüber.

Nach dem Ergebnis der ersten Abstimmung lagen Klara Geywitz und Olaf Scholz als Befürworter der Fortsetzung der großen Koalition mit 22.68% vorne, gefolgt von Saskia Esken und Norbert Walter-Borjans mit 21.04%, die für den Ausstieg aus der großen Koalition standen. Die Beteiligung an der Abstimmung lag bei 53.28%.[51]

In den Medien waren die Sympathien für Olaf Scholz und Klara Geywitz kaum zu übersehen. Viele Kommentatoren hielten die Fortsetzung der großen Koalition für unverzichtbar und standen somit auf der Seite von Scholz und Geywitz. Auch die Bundesfamilienministerin Franziska Giffey war eine Favoritin besonders der liberal-konservativen Medien, verzichtete jedoch auf eine Kandidatur, weil zu der Zeit die Berliner Universität über den Entzug ihres Doktortitels beriet und Giffey im Sommer 2019 bereits ihren Rücktritt als Familienministerin angekündigt hatte für den Fall, daß ihr der Titel entzogen würde. Somit trat also das eigentliche Traumpaar konservativ-liberaler Medien, nämlich das Duo Scholz/Giffey nicht an.

---

[50] vgl. und zu den Ergebnissen: https://unsere.spd.de/home/ (zuletzt aufgerufen: 11.12.2022).
[51] vgl. zu den Ergebnissen ebd.

Saskia Esken und Norbert Walter-Borjans waren nicht nur mit der Aussicht auf ein Ende der großen Koalition angetreten, sondern sie wollten Hartz IV überwinden, die Menschen nicht länger den Marktkräften ausliefern und für bezahlbaren Wohnraum sorgen. Der Sozialstaat solle nicht länger auf Mißtrauen gegenüber den Menschen gründen. Gewerkschaften und Arbeitnehmer/innen sollten gestärkt und der Mindestlohn auf zwölf Euro angehoben werden.[52]

So fand also die Stichwahl zwischen Klara Geywitz/Olaf Scholz und Saskia Esken/Norbert Walter-Borjans statt. Am 30. November 2019 wurde das Ergebnis der Stichwahl verkündet. Die Mitglieder der SPD hatten sich mehrheitlich für Saskia Esken und Norbert Walter-Borjans entschieden (53.06%), während Klara Geywitz und Olaf Scholz auf 45.33% kamen.[53]

Einigen der Parteioberen war bei der Verkündung durchaus anzusehen, daß sie eigentlich ein anderes Ergebnis erwartet hatten. Auch in den Medien brach sofort ein Sturm über die neuen Vorsitzenden los, die zu dem Zeitpunkt gerade mal durch die Parteibasis nominiert, aber noch nicht gewählt waren. Die Journalistin Ulrike Sumfleth veröffentlichte auf Twitter ein Bild der ersten Reaktionen in den Medien auf die Abstimmung der Parteibasis der SPD. Ihr Fazit: Einseitige Parteinahme, Skandalisierung, Abwertung der Personen Saskia Esken als »Frau aus dem Nichts« und Norbert Walter-Borjans als »Polit-Rentner«.[54]

Auch die Süddeutsche Zeitung sprach von einem »ganz großen Experiment« und verwies darauf, daß Esken

---

[52] vgl. https://standhaft-sozial-demokratisch.de/gute-arbeit-und-soziale-sicherheit-fuer-die-vielen/ (zuletzt aufgerufen: 11.12.2022).
[53] vgl. ebd.
[54] vgl. https://twitter.com/USumfleth/status/120156918297597542 5 (zuletzt aufgerufen: 11.12.2022).

und Walter-Borjans die Bundestagsfraktion gegen sich haben würden, sollten sie tatsächlich aus der großen Koalition aussteigen wollen.[55]

Mit ihrem Votum für Saskia Esken und Norbert Walter-Borjans hatte sich die Parteibasis mehrheitlich für einen Politikwechsel ausgesprochen. Während Olaf Scholz auch als Erbe der Agenda 2010 galt, versprachen Esken und Walter-Borjans einen anderen politischen Kurs zu fahren und die Agenda 2010 zu überwinden. Somit kann in der Entscheidung der Parteibasis auch der klare Wunsch gesehen werden, daß sich die Partei programmatisch neu ausrichten und die eingetreten Pfade verlassen sollte.

Währenddessen wurde darüber spekuliert, wie Olaf Scholz mit dieser Wahlniederlage umgehe – ob er als Minister zurücktreten oder im Amt bleiben würde. Er entschied sich für letzteres.

Das negative Echo vor allem konservativ-liberaler Zeitungen auf die Entscheidung der Basis hielt auch in den nächsten Tagen an, in denen teilweise suggeriert wurde, daß Esken und Walter-Borjans Vorsitzende von Juso-Chef Kevin Kühnerts Gnaden seien, weil dieser die Wahl der beiden empfohlen hatte. Schon nach dem Scheitern der Verhandlungen zwischen CDU/CSU, Grüne und FDP hatten sich Kühnert und die Jusos ent-schieden gegen eine Neuauflage der großen Koalition eingesetzt.

Noch bevor Esken und Walter-Borjans offiziell auf dem Parteitag zu Vorsitzenden gewählt wurden, kamen aus der SPD-Fraktion von den konservativen Seeheimern

---

[55] vgl. Braun, Stefan: *SPD-Basis entscheidet sich für das ganz große Experiment.* Süddeutsche Zeitung online, 30.11.2019, https://www.sueddeutsche.de/politik/spd-mitgliederentscheid-vorsitz-esken-walter-borjans-scholz-1.4704606 (zuletzt aufgerufen: 11.12.2022).

in der SPD deutliche Warnungen, aus der Koalition mit der Union auszusteigen. Die Erfolge der Partei sollten jetzt nicht gefährdet werden, fanden die Kritiker des designierten neuen Vorstandes.[56]

Nach einer Woche des Aufruhrs zeigte sich schon auf dem Wahlparteitag der SPD, daß es einen harten Bruch nicht geben würde. Das neue Führungsduo übernahm das sozialpolitische Konzept ihrer Vorgängerin Andrea Nahles, das Modifikationen an der Agenda 2010 und Hartz IV vorsah, zugleich, wie oben beschrieben, ein bedingungsloses Grundeinkommen kategorisch ablehnte. Damit schnitt sich die SPD die Debatte über ein wichtiges Zukunftsprojekt ab, welches angesichts des Arbeitsplatzverlustes durch den zunehmenden Einsatz intelligenter Computertechnik und autonomer Systeme Antworten auf die Frage enthält, wie die Gesellschaft die Opfer dieser Entwicklung unterstützen könnte.

Auch der Bruch der Koalition fand nicht statt. Es gab Gespräche und Nachverhandlungen, die die Fortsetzung der großen Koalition zum Ergebnis hatten. Anfang März 2020 waren Überlegungen zum Austritt aus der großen Koalition dann endgültig vom Tisch, als die Corona-Pandemie auch nach Deutschland überschwappte und sich in der Politik der Konsens breit machte, daß dies nicht der Augenblick für einen Regierungswechsel oder gar Neuwahlen war.

---

[56] vgl. Szymanski, Maik: *SPD-Fraktion hält an Koalition fest.* Süddeutsche Zeitung, 03.12.2019, S. 1.

Die Corona-Pandemie

Mit Ausbruch der Corona-Krise endete ebenfalls die Debatte um das Festhalten an der sogenannten »schwarzen Null«, was von Scholz befürwortet, vom neuen Vorstand jedoch abgelehnt wurde, denn die nun einsetzenden Corona-Maßnahmen, die insbesondere die Schließung von Teilen des Einzelhandels und der Gastronomie vorsahen, erforderten hohe finanzielle Mittel als Ausgleich für die Einnahmeausfälle der betroffenen Branchen.

Bis zum Frühjahr 2021 vollzog sich die Corona-Pandemie in drei Wellen. Die erste Welle begann im März 2019 und endete gegen Ende Mai 2019. Hier entschied die Politik, diverse Reisewarnungen in andere Länder zurückzunehmen um den Menschen den Urlaub zu ermöglichen. In der Folge setzte nach der Urlaubssaison, die wohl nicht alleine, aber auch für die Entwicklung mitverantwortlich war, im September 2019 die zweite Corona-Welle ein, die bis zum Februar 2021 andauern sollte. Im März 2021 setzte dann die dritte Infektionswelle ein, die sich dann Ende Mai und nach Einführung einer »Bundesnotbremse«, also bundeseinheitlicher Auflagen zur Bekämpfung der Pandemie, abflachte.[57]

Im Vergleich zur zweiten und dritten Welle verlief die erste Infektionswelle moderat. Ende Juni waren 208 698 Menschen infiziert und 9 141 Menschen an oder mit Corona verstorben.[58] Ende des Jahres waren es dann schon 1 719 737 Menschen, die sich infiziert hatten sowie 33 071 Menschen, die an oder mit Corona

---

[57] vgl. https://experience.arcgis.com/experience/478220a4c454480e8 23b17327b2bf1d4/page/page_1/ (zuletzt aufgerufen: 11.12.2022).
[58] Alle Zahlen zur Corona-Krise: Robert Koch Institut: Lage-/Situationsberichte sowie eigene Berechnungen aufgrund der Zahlen aus diesen Berichten.

verstorben waren. Bis zum 23. Mai 2021 erhöhten sich diese Zahlen noch auf 3 648 958 Infizierte und 87 380 Tote.

Die Corona-Pandemie stellte die Politik vor Herausforderungen und den Föderalismus auf die Probe. Der Gesundheitsschutz ist weitgehend Ländersache, und somit war es auch den Ländern anheimgestellt, die Beschlüsse der Konferenzen der Bundesregierung mit den Ministerpräsidenten umzusetzen. Hierbei kam es zu unterschiedlichen Maßnahmen in den Bundesländern, die auch dazu beitrugen, daß der Bevölkerung in den einzelnen Ländern wohl nicht immer klar war, welche Maßnahmen galten. Während die Bundeskanzlerin vorzugsweise für härtere Maßnahmen war, versuchten manche Ministerpräsidenten in ihren Ländern einen eher lockeren Kurs umzusetzen. Selbst angesichts steigender Infektionszahlen vor Ostern drehte sich die Debatte bereits um Öffnungen. Nach dem Scheitern eines kurzen und harten Lockdowns zu Ostern und einem weiteren Anstieg der Infektionszahlen griff die Bundesregierung durch und beschloß die »Bundesnotbremse« mit bundesweit einheitlichen Maßnahmen, die an die sogenannten »Sieben-Tage-Inzidenzen« gebunden waren. Nunmehr sanken die Infektionszahlen, und die Debatten um die Öffnungen nahmen wieder Fahrt auf.

Die Corona-Pandemie und ihre Bekämpfung überlagerten weitgehend alle Politikbereiche und standen in den Jahren 2020 und 2021 im Vordergrund. Zuständig für die Bekämpfung der Pandemie sowie deren Folgen und damit auch besonders präsent in der Öffentlichkeit waren die Ministerien Gesundheit (Minister Jens Spahn, CDU), Forschung (Ministerin Anja Karliczek, CDU), Finanzen (Minister Olaf Scholz, SPD), Arbeit (Minister Hubertus Heil, SPD), Inneres (Minister Horst Seehofer, CSU) und Wirtschaft (Peter Altmaier, CDU).

Hinsichtlich der Fragen der Schulen war grundsätzlich auch das Bildungsministerium (Ministerin Franziska Giffey, SPD) für die Bearbeitung der Folgen mitzuständig, weil aber Bildung in erster Linie Ländersache ist, spielte das Ministerium in der Öffentlichkeit während der Corona-Pandemie eine eher untergeordnete Rolle.

Mit der Zuständigkeit der entsprechenden Ministerien boten sich auch die Möglichkeiten für die Minister, sich entsprechend zu profilieren. Insbesondere im Hinblick auf die Bekämpfung der Pandemie sowie nach der Entwicklung der Impfstoffe auch für die Impfkampagne war in erster Linie Gesundheitsminister Spahn zuständig. Olaf Scholz trat vor allem im Zusammenhang mit den Corona-Hilfen für Wirtschaft und Bürger in Erscheinung. Dabei prägte er die Stichworte der »Bazooka«, mit der die Hilfen an die Bevölkerung verteilt würden, sowie »Wumms« im Zusammenhang mit der vorübergehenden Mehrwertsteuersenkung. Hubertus Heils Name war während der Pandemie vor allem mit der Erleichterung der Regelung zur Kurzarbeit verbunden, mit der vor allem ein Anstieg der Arbeitslosigkeit verhindert werden sollte.

Im Grunde trugen somit die sozialdemokratischen Minister wesentlich dazu bei, daß die Folgen der Pandemie für die Menschen weniger dramatisch ausfielen. Auf die Umfragezahlen für die Partei schlug dies jedoch nicht durch. Die SPD bewegte sich während der Pandemie in den Umfragen des Deutschlandtrends der ARD kontinuierlich zwischen 14 und 17 Prozent (letzteres einmalig im September 2020), während die Union weitgehend um die 35 Prozent oder darüber lag – im Sommer 2020 sogar bis zu 39 Prozent kam.[59] Erst im Zuge der Masken-Affäre (auf die im CDU-Kapitel näher

---

[59] vgl. https://www.tagesschau.de/inland/deutschlandtrend/ und Archive (zuletzt aufgerufen: 11.12.2022).

einzugehen sein wird), der verlorenen Landtagswahlen und des Nominierungsverfahrens für den Kanzlerkandidaten der Union sanken deren Zustimmungswerte im April 2021 auf 27 Prozent und Mai 2021 auf 23 Prozent.[60] Doch auch hiervon konnten die Sozialdemokraten nicht profitieren, sondern eher Grüne und FDP.

Grundsätzlich zeigte sich somit auch während der Pandemie, daß die SPD trotz eigenständiger und sichtbarer Beiträge zum Regierungshandeln keine Verbesserung bei den Umfragewerten erreichen konnte. Dieses Problem verfolgte die Sozialdemokratie nicht nur in der Pandemie, denn auch die seinerzeitige Einführung des Mindestlohnes in der vorangegangenen Wahlperiode wirkte sich nicht durchschlagend auf die Umfragewerte aus. Diese Entwicklungen bestärkten bereits in der Vergangenheit jene, die der Auffassung waren, daß die SPD in einer großen Koalition nichts zu gewinnen hätte. Auch gegenwärtig stellt diese Entwicklung eine Bestätigung dieser Position dar.

Gleichwohl aber dürfte auch das Ausscheren aus der Koalition mitten in der Pandemie der SPD wohl kaum mehr Zustimmung bringen. Die Herausforderung der Partei zur Bundestagswahl 2021 wird also darin liegen, ihr Politikangebot an die Wähler/innen so deutlich zu formulieren, daß der Unterschied zu Union und Grünen klar hervortritt. Hier wäre es notwendig, aus den Fehlern der Vergangenheit zu lernen und im Hinblick auf die Kanzlerkandidatur ein stimmiges Gesamtbild von Kandidat zu Partei zu präsentieren. Ob die Entscheidung, die der neue Parteivorstand bereits im Augst 2020 getroffen hat, hierzu beiträgt, könnte durchaus fraglich sein.

---

[60] vgl. ebd.

Die Nominierung des Kanzlerkandidaten

Die erste Partei, die einen Kanzlerkandidaten für die Bundestagswal 2021 ins Rennen schickte, waren die Sozialdemokraten. Mitte August 2020, also etwas mehr als ein Jahr vor der Bundestagswahl, stellte die Parteiführung den Kanzlerkandidaten der SPD vor: Finanzminister Olaf Scholz.

Die frühe Entscheidung für Scholz stieß beim Koalitionspartner auf Kritik, während die Grünen erklärten, sie ließen sich durch die Nominierung Scholz' nicht im Hinblick auf den eigenen Kanzlerkandidaten unter Druck setzen.[61] Der linke, den neuen Vorstand unterstützenden Flügel merkte an, daß Scholz wenig Schnittmengen mit der neuen Parteiführung aufweise, die ein linkes Bündnis nach der Bundestagswahl anstrebe, während Scholz sich distanziert zu einer Koalition mit der Linkspartei äußerte.[62] Ohnehin löste die Nominierung Scholz' bei den Unterstützern der neuen Vorsitzenden Unmut und Unzufriedenheit aus.

Saskia Esken und Norbert Walter-Borjans betonten jedoch bei der Vorstellung ihrer Entscheidung, Olaf Scholz zu nominieren, daß er in der Bevölkerung hohes Ansehen genieße und er der richtige Kanzler sei.[63] Mit der Kandidatur Scholz setzte sich der konservative Parteiflügel zumindest in dieser Frage durch.

Für eine kurze Zeit war auch Fraktionschef Rolf Mützenich als Kanzlerkandidat im Gespräch, der auch eine Fortsetzung der personellen Erneuerung bedeutet und auch dem liken Parteiflügel angehört hätte.[64] Statt

---

[61] vgl. Fried, Nico: *Scholz führt SPD in die Bundestagswahl.* Süddeutsche Zeitung, 11.08.2020, S. 1.
[62] vgl. ebd.
[63] vgl. Szymanski, Mike: *Voll auf Scholz.* Süddeutsche Zeitung, 11.08.2020, S. 2.
[64] vgl. Peter, Tobias: *Olaf ante Protas. Die SPD und ihr Kanzlerkandidat in*

dessen hatte sich also der Parteivorstand für Olaf Scholz entschieden. Hierin mag eine Einbindung auch des Seeheimer Kreises in die Wahlkampfstrategie zu sehen sein. Gleichwohl aber kann dies zu Spannungen hinsichtlich eines angestrebten Politikwechsels durch die neuen Parteivorsitzenden führen.

Durch die frühe Nominierung war Olaf Scholz zunächst der einzige Kanzlerkandidat auf weiter Flur. In gewisser Weise war diese Kandidatur zunächst ohne Funktion, denn es gab keine konkurrierenden Kanzlerkandidat/innen und die Bundeskanzlerin hatte ja angekündigt, daß sie nicht erneut für das Kanzleramt kandidieren würde.

Zugleich hatte die CDU das Problem, daß ihre Führungsfrage noch ungeklärt war. Während es bei den Grünen programmatisch-inhaltlich nicht darauf ankam, ob Annalena Baerbock oder Robert Habeck kandidierten, denn bei beiden würde sich das Wahlprogramm der Partei wohl kaum unterscheiden, stand bei der CDU eine Richtungsentscheidung ins Haus. Hier konnten programmatische Festlegungen für den Wahlkampf erst erfolgen wenn feststand, wer die Partei als Parteichef führen und wer Kanzlerkandidat würde. Ein Programm, das auf Laschet zugeschnitten worden wäre, würde kaum auf einen Kanzlerkandidaten Merz passen – mal ganz abgesehen davon, daß eine solche Festlegung eine Vorwegnahme der Entscheidung des CDU-Parteitages bedeutet hätte. Insofern diente die frühe Nominierung Olaf Scholz' sicher auch ein wenig dazu, die CDU vorzuführen und auf ihre ungeklärte Führungsfrage hinzuweisen.

---

spe. Redaktionsnetzwerk Deutschland, 04.08.2020, https://www.rnd.de/politik/olaf-ante-portas-die-spd-und-ihr-kanzlerkandidat-in-spe-OXOQYJJZRZB4VKW3PXFUWVVOKQ.html (zuletzt aufgerufen: 11.12.2022).

Olaf Scholz hatte in der SPD bereits zahlreiche Funktionen ausgefüllt. Auf seiner Homepage gibt der aus Hamburg kommende Scholz an, daß Helmut Schmidt für ihn schon in früher Jugend eine prägende Figur gewesen sei.[65] Nachdem er von 1982 bis 1988 stellvertretender Bundesvorsitzender der Jusos war, wurde er 1998 direkt in den Bundestag gewählt. Weitere Stationen der politischen Karriere Scholz waren: 2001 Innensenator in Hamburg, 2002 Generalsekretär der SPD, 2005 Parlamentarischer Geschäftsführer der SPD-Bundestagsfraktion, 2007 bis 2009 Bundesminister für Arbeit und Soziales in der ersten großen Koalition Angela Merkels und ab 2011 Erster Bürgermeister in Hamburg.[66] Seit 2018 ist Scholz Bundesfinanzminister und Vizekanzler in der dritten großen Koalition Merkels.

In seine Zeit als Generalsekretär der SPD fielen die Agenda 2010 und die Umsetzung der »Gesetzte für moderne Dienstleistungen am Arbeitsmarkt« (Hartz-Gesetze) Gerhard Schröders, die von Scholz unterstützt wurden. In der Diskussion um ein neues Parteiprogramm schlug Olaf Scholz mit Rückendeckung des Kanzlers Gerhard Schröder vor, den Begriff des »Demokratischen Sozialismus« aus dem Parteiprogramm zu streichen, denn er sei nach Scholz' Meinung unzeitgemäß und inhaltsleer.[67] Erfolgreich waren er und Gerhard Schröder bei diesem Versuch nicht. Der »Demokratische Sozialismus« steht auch im Hamburger Programm der SPD von 2007.[68]

---

[65] vgl. https://olaf-scholz.spd.de/ueber-mich/ (zuletzt aufgerufen: 11.12.2022).
[66] vgl. ebd.
[67] vgl. Schwennicke, Christoph: *Scholz fühlt sich bestätigt.* Süddeutsche Zeitung, 26.08.2003, S. 6.
[68] vgl. https://www.spd.de/fileadmin/Dokumente/Beschluesse/Grundsatzprogramme/hamburger_programm.pdf (zuletzt aufgerufen:

Scholz gilt als Seeheimer, wie überhaupt die SPD im bürgerlichen Hamburg eher konservativ ausgerichtet ist, was ebenso durchweg auf die Vorgänger Scholz' in Hamburg zutraf. Auch in der innerparteilichen Auseinandersetzung um die »schwarze Null«, also einen ausgeglichenen Bundeshaushalt ohne Schulden, setzte er sich für diese ein, obgleich die neuen Vorsitzenden hier einen anderen Kurs wünschten. Dennoch kündigte Scholz an, die Schuldenbremse 2023 wieder einhalten zu wollen.[69]

Esken und Walter-Borjans hingegen betonen, daß mit der »schwarzen Null« die Aufgaben nicht zu erledigen seien, die nun vor uns lägen, denn wegen der Schuldenbremse auf Investitionen zu verzichten, käme das Land teurer als eine Kreditaufnahme, die sich später auszahle. Darüber hinaus wollen Esken und Walter-Borjans höhere Einkommen stärker belasten und Vermögen umverteilen. Die Kosten der Corona-Krise durch Kürzungen des Sozialstaates zu finanzieren sei eine Umverteilung von unten nach oben, und die sei mit den neuen Vorsitzenden der SPD nicht zu machen.[70]

Die Situation erinnert in der Tat ein wenig an die erste Kandidatur Gerhard Schröders als Bundeskanzlers. Während Schröder auf eine wirtschaftsnahe Politik setzte, strebte Oskar Lafontaine im Falle eines Regierungswechsels im Jahr 1998 einen Politikwechsel an. In der späteren Auseinandersetzung mit Schröder um den politischen Kurs unterlag Lafontaine und trat von

---

11.12.2022).
[69] vgl. Spiegel online: https://www.spiegel.de/wirtschaft/soziales/ol af-scholz-will-schuldenbremse-ab-2023-wieder-einhalten-a-4db043a4-eb30-4f4b-9989-b9aa11ab82ba (zuletzt aufgerufen: 11.12.2022).
[70] vgl. https://www.vorwaerts.de/artikel/spd-zukunftsprogramm-schwarze-null-passe (zuletzt aufgerufen: 11.12.2022).

seinen Parteiämtern zurück.

Nun mag die Situation mit jener damals nicht vergleichbar sein, aber dennoch mußten die beiden neuen Vorsitzenden der SPD erkennen, daß innerparteilich noch einige Beharrungskräfte vorhanden sind, durch die der von ihnen angestrebte Politikwechsel ausgebremst wurde. Auch die Nominierung Scholz' dürfte ein Zugeständnis an die Seeheimer gewesen sein.

Als Schlußfolgerung aus vergangenen Wahlkämpfen gilt, daß Kandidat und Programm zusammenpassen müssen. Das war insbesondere bei der Bundestagswahl 2013, als die SPD mit Peer Steinbrück als Kanzlerkandidaten und einem eher linken Parteiprogramm antrat, nicht der Fall, denn der Kandidat konnte die angestrebten Inhalte nicht glaubwürdig vertreten, auch wenn er es versuchte.

Bei der Bundestagswahl 2017 scheiterte Martin Schulz zwar nicht exakt an demselben Problem, wohl aber daran, daß seine Kandidatur eher spontan und ohne planerischen Vorlauf stattfand. Zudem fehlte es Martin Schulz, der als Vorsitzender 100% der Delegiertenstimmen erhielt, an einer innerparteilichen Hausmacht. Durch mangelnde Abstimmung des Programms auf den Kandidaten wurden seine Inhalte nicht hinreichend klar, und der Aufbruch, den Schulz zu Beginn seiner Kandidatur verkörperte, und der sich auch in Umfragewerten niederschlug, verpuffte bis zur Wahl.

In der oben bereits erwähnten Analyse »Aus Fehlern lernen« machten die Autoren auch den mangelnden Vorlauf der Wahlkampagne für das schlechte Abschneiden verantwortlich. Weil bis zum 23. Januar 2017 niemand in der Parteizentrale wußte – wohl auch der Kandidat selbst nicht –, daß Martin Schulz als Kanzlerkandidat präsentiert werden würde, konnte seine Kandidatur auch nicht vorbereitet und eine entsprechende Kampagne organisiert werden.[71]

Genau diesen Fehler wollte der Vorstand der SPD bei dieser Bundestagswahl mit der frühen Nominierung Scholz' vermeiden. Gleichwohl reicht jedoch eine frühe Nominierung nicht, wenn auch die anderen Parameter nicht stimmen, und hier läuft die SPD erneut Gefahr, daß abermals Kandidat und Programm nicht zusammenpassen.

Zugleich bestand noch ein weiteres Risiko bei der Nominierung von Olaf Scholz als Kanzlerkandidat, nämlich dessen Verbindung einerseits zum Cum-Ex-Skandal in Hamburg und andererseits zum Wirecard-Skandal auf Bundesebene.

In Hamburg steht der Verdacht im Raum, daß während der Amtszeit von Olaf Scholz die Finanzbehörde der Privatbank Warburg 47 Milliarden Euro an Steuerschulden erlassen habe, während weitere 43 Millionen im Jahr 2017 erst auf Weisung aus Berlin eingefordert wurden.[72] Vor einem Untersuchungsausschuß in Hamburg nach mehreren Treffen mit Warburg-Miteigentümer Olearius befragt, zeigte Scholz Erinnerungslücken, betonte jedoch, korrekt gehandelt zu haben.[73]

In der Frage des Finanzdienstleisters Wirecard geht es um Fehler in der Finanzaufsicht, die dem Finanzministerium, also dem Ministerium von Olaf Scholz untersteht. Hier sehen aber auch Kritiker von Olaf Scholz, wie der Chemieprofessor Henning Höppe kein entscheidendes Hindernis, denn die Materie sei so kompliziert, daß sie sich als Wahlkampfmunition nicht eigne.[74] Auch steht nicht zu erwarten, daß sich die

---

71 vgl. Faus, Jana u.a.: *Aus Fehlern lernen.* S. 51f.
72 vgl. *Scholz mit Erinnerungslücken.* Süddeutsche Zeitung, 03.05.2021, S. 6.
73 vgl. ebd.
74 vgl. Peter, Tobias: *Olaf ante Protas. Die SPD und ihr Kanzlerkandidat in*

Union in dieser Frage besonders weit herauswagen
wird, denn auch das unionsgeführte Wirtschaftsmini-
sterium könnte hier eine Beihilfe zum Versagen geleistet haben.

Als Hamburger Erster Bürgermeister geriet Olaf Scholz
wegen der Handhabung der Krawalle während des G-
20-Gipfels 2017 durch die Polizei in die Kritik. Er wies
die Kritik zurück, daß Hamburg sich mit der Ausrichtung des G-20-Gipfels übernommen habe und beschei-
nigte der Polizei, alles richtig gemacht und einen hel-
denhaften Einsatz geleistet zu haben.[75]

Auf der anderen Seite wurde während der Regierungszeit von Olaf Scholz in Hamburg die gesetzliche Krankenversicherung für Beamte geöffnet, so daß diese
nicht länger auf die privaten Krankenversicherungen
angewiesen waren, die mit zunehmendem Alter immer
höhere Beiträge verursachten.

Mit der Entscheidung der SPD, nach dem Scheitern der
Verhandlungen zwischen Union, Grünen und FDP erneut in eine große Koalition einzutreten, wurde Olaf
Scholz Finanzminister und gab dafür sein Amt als Erster Bürgermeister der Stadt auf. Sein Nachfolger
wurde Peter Tschentscher, der zuvor Finanzsenator
war. Zudem war Scholz nach dem Rücktritt Martin
Schulz' kommissarischer Parteivorsitzender bis zur
Wahl von Andrea Nahles in dieses Amt. Nach ihrem
Rücktritt erklärte er zunächst, nicht für den Parteivorsitz der SPD kandidieren zu wollen. Nachdem jedoch
kein anderes prominentes Parteimitglied der SPD ins

---

spe. Redaktionsnetzwerk Deutschland, 04.08.2020,
https://www.rnd.de/politik/olaf-ante-portas-die-spd-und-ihr-
kanzlerkandidat-in-spe-OXOQYJJZRZB4VKW3PXFUWVVOKQ.html
(zuletzt aufgerufen: 11.12.2022).
[75] vgl. Rossman, Robert: Scholz: *Polizei hat alles richtig gemacht.*
Süddeutsche Zeitung, 10.07.2017, S. 1.

Rennen gehen wollte, was in den Medien kritisch beurteilt wurde, entschloß sich Olaf Scholz, doch zu kandidieren und unterlag, wie oben dargestellt, in der Stichwahl dem Duo Saskia Esken und Norbert Walter-Borjans.

Die im August 2020 erfolgte Nominierung Olaf Scholz' hat bislang jedoch nicht zu einer Verbesserung der Umfragewerte der SPD geführt. Im August 2020, also im Monat seiner Nominierung lag die SPD in der Umfrage Deutschlandtrend der ARD bei 15%. Nach seiner Nominierung sprang der Wert im September auf 17%, um im Oktober wieder auf 15% abzufallen.[76] Des weiteren entwickelten sich die Werte im Deutschlandtrend wie folgt:

Deutschlandtrend der ARD von November 2020 bis Juli 2021[77]

	SPD	CDU	GRÜ	Linke.	FDP
11/2020	15	35	21	7	7
12/2020	15	36	21	7	6
01/2021	14	35	21	7	7
02/2021	15	34	21	6	8
03/2021	16	33	20	7	7
04/2021	16	27	22	7	9
05/2021	14	23	26	6	11
06/2021	14	28	20	7	12
07/2021	15	28	20	7	11

[76] vgl. hier sowie alle folgenden Werte des Deutschlandtrends: https://www.tagesschau.de/inland/deutschlandtrend/ und Archiv (zuletzt aufgerufen: 11.12.2022).
[77] ebd.

Die Öffentlichkeit hat somit im Sommer 2020 zur Kenntnis genommen, daß Olaf Scholz nunmehr der Kanzlerkandidat ist, jedoch fand eine Auseinandersetzung mit den anderen Parteien mangels Kontrahenten nicht statt. Union und Grüne nominierten ihre Kanzlerkandidaten erst in der zweiten Aprilhälfte des Jahres 2021. Bei den Grünen war dies so vorgesehen, bei der Union hing dies auch mit der Führungskrise der Partei zusammen, wie weiter unten noch zu sehen sein wird. An den Umfragewerten ist in diesem Zusammenhang zu sehen, daß die Nominierung der Kanzlerkandidaten den Grünen einen Zuwachs von vier Prozentpunkten brachte, während der als quälend wahrgenommene Prozeß der Kandidatenfindung bei der Union dieser vier Prozentpunkte kostete.

Doch bereits im Juni sank der Wert der Grünen wieder auf 20 Prozent ab. Die Ursachen werden im Kapitel zur Kanzlerkandidatur von Annalena Baerbock noch ausführlich darzustellen sein.

Im Vergleich dazu zeigt der Rückblick auf die Kandidatur von Martin Schulz, daß der Effekt des Kandidaten auf die Umfragewerte deutlich höher war. Nach seiner Nominierung im Januar 2017 stiegen die Umfragewerte der SPD deutlich an und erreichten nahezu jene der CDU bei knapp über 30% nach 20% noch im Januar.

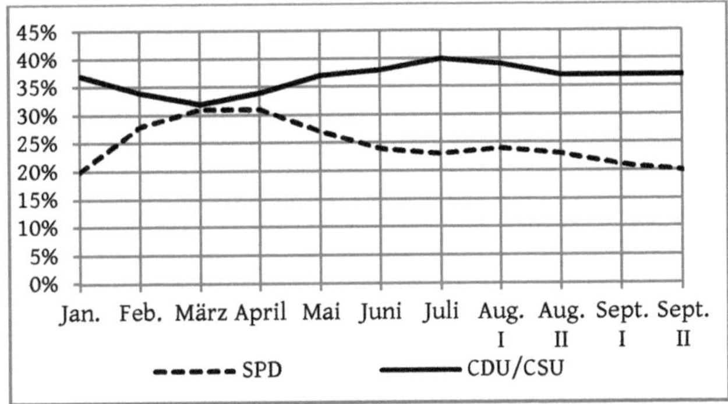

Graphik: Eigene Darstellung anhand der Zahlen des Deutschland-Trends der Tagesschau: https://www.tagesschau.de/inland/deutschlandtrend/index.html (zuletzt aufgerufen: 25.07.2021)

Bei einer Gegenüberstellung im ZDF-Politbarometer im Mai 2021 entschieden sich bei der Frage, wer als Bundeskanzler/in geeignet sei, von den Befragten 43 Prozent für Annalena Baerbock, 42 Prozent für Olaf Scholz und 37 Prozent für Armin Laschet.[78] Dabei hatten gegenüber dem Vormonat April alle Kandidat/innen zugelegt: Baerbock +19 Prozentpunkte, Scholz +5 Prozentpunkte und Laschet +8 Prozentpunkte.

Daß Scholz und Baerbock nahezu gleichauf in der Wählergunst waren, schlug jedoch nicht auf die Projektionsergebnisse der SPD durch. Sie kam in der gleichen Umfrage im Mai 2021 unverändert auf 14 Prozent, während die Grünen um fünf Prozentpunkte auf 26 Prozent zulegten.[79]

Im Juli zeigten die Werte des Deutschlandtrends in der

---

[78] vgl. https://www.zdf.de/nachrichten/politik/politbarometer-projektion-gruene-knapp-vor-union-100.html?slide=1620317768822 (zuletzt aufgerufen: 11.12.2022).
[79] vgl. ebd.

ARD Scholz leicht vorne: Armin Laschet kam bei der Frage nach der Direktwahl des Kanzlers auf 28 Prozent, Scholz auf 29 Prozent, Baerbock hingegen nur noch auf 18 Prozent. Wie in der Tabelle auf Seite 42 zu sehen ist, zeigten die guten Umfragewerte von Scholz nach wie vor keinen spürbaren Effekt auf die Werte der SPD – die Partei verbesserte sich gerade einmal von 14 auf 15 Prozent, während die Grünen weiterhin auf 20 Prozent verharrten.[80]

Im Vergleich dazu wurde bei der Direktwahlfrage nach dem Bundeskanzler wurde Martin Schulz bereits im Januar 2017 mit 41 Prozent bewertet, ebenso wie Amtsinhaberin Angela Merkel, die ebenfalls auf 41 Prozent kam.[81]

Im Februar lag Martin Schulz im Deutschlandtrend sogar mit 50 Prozent (+9) deutlich vor Angela Merkel, die lediglich auf 34 Prozent (-7) kam.[82] Im April 2017 lang Angela Merkel mit 46 Prozent wieder vor Martin Schulz, der auf 40 Prozent im Rahmen der Frage kam, welchen Kandidaten die Wähler/innen bei einer Direktwahl wählen würden.[83]

Wie oben gesehen schlugen die persönlichen Werte von Martin Schulz stärker auf die Parteiwerte der SPD durch, als dies bei Olaf Scholz der Fall war. Dabei ist zu berücksichtigen, daß auch die äußeren Umstände hier stets eine Rolle spielten. Zu den wesentlichen Unterschieden gehört, daß keiner der Kandidat/innen für die Bundestagswahl 2021 über einen »Amtsbonus«

---

[80] vgl. https://www.tagesschau.de/inland/deutschlandtrend/deutschlandtrend-2683.html (zuletzt aufgerufen: 11.12.2022).

[81] vgl. https://www.tagesschau.de/inland/deutschlandtrend-717.pdf S. 5 (zuletzt aufgerufen: 11.12.2022).

[82] vgl. https://www.tagesschau.de/inland/deutschlandtrend-727.pdf S. 16 (zuletzt aufgerufen: 11.12.2022).

[83] vgl. https://www.tagesschau.de/inland/deutschlandtrend-765.pdf S. 9 (zuletzt aufgerufen: 11.12.2022).

verfügt, der zuweilen auch ein Malus sein kann. Darüber hinaus unterschiede sich die politische Themenlage zu Jahresbeginn 2017 von der im Frühjahr 2021. Themen wie Klimawandel spielten durchaus eine Rolle, hatten aber 2021 eine größere Bedeutung. Hinzu kam die besondere Situation der Corona-Pandemie im Jahr 2021.

Dennoch zeigt sich, daß es Martin Schulz zunächst besser gelungen war als Olaf Scholz, eine Aufbruchsstimmung in Partei und Wahlvolk auszulösen. Daß diese nicht weiterhin getragen hatte, lag an diversen Fehlern, die die SPD anschließend in der Kampagne gemacht hatte. Als Vorsitzender der Partei hatte Schulz, der zuvor Präsident des Europäischen Parlaments war, keine Hausmacht in der Partei. Auch war die Kampagne nicht hinreichend im Vorfeld koordiniert, zumal seine Ernennung in gewisser Weise ein Überraschungscoup seines Vorgängers im Parteivorsitz, Sigmar Gabriel, war.

Erschwerend kam hinzu, daß die Kampagnen der parallellaufenden Landtagswahlen nicht mit der Bundeskampagne verbunden wurden. In Nordrhein-Westfalen bat zum Beispiel die Spitzenkandidatin der SPD, Hannelore Kraft, darum, daß Schulz nicht in den Landtagswahlkampf eingreife. Schulz folgte dieser Bitte, was seiner öffentlichen Präsenz gerade in dem Bundesland, aus dem er selbst kam, Abbruch tat.[84]

Hieraus scheint die Partei durchaus gelernt zu haben, denn Olaf Scholz wird bei nahezu allen wichtigen politischen Ankündigungen einbezogen, soweit er sie nicht gar selbst der Öffentlichkeit mitteilt.

»Gutes Regieren«?

---

[84] vgl. Esslinger, Detlef: *Schulz: SPD vor langer Wegstrecke.* Süddeutsche Zeitung, 16.05.2017, S. 1.

Zu den wesentlichen Argumenten der Befürworter einer Regierungsbeteiligung der SPD sowohl nach der Bundestagswahl 2013 als auch nach dem Scheitern der Verhandlungen zwischen CDU/CSU, Grünen und FDP 2018 war, die Wählerschaft durch »gutes Regieren« zu überzeugen und somit auch die Wahl- und Umfragewerte der SPD zu verbessern.

Grundsätzlich hat die SPD bei beiden Regierungsbeteiligungen, also in der 18. und 19. Wahlperiode, zentrale Wahlverspechen umsetzen können, zugleich zeigen aber die Umfragewerte und Wahlergebnisse, daß es der Partei nicht oder allenfalls wenig genutzt hat. Dies mag auch daran liegen, daß die Projekte der SPD im Rahmen der Koalitionen, bei denen die Sozialdemokraten stets der kleinere Koalitionspartner waren, im Rahmen von Diskussionen um zum Teil kleinteilige Kompromisse, an Sichtbarkeit als sozialdemokratische Projekte in der Öffentlichkeit eingebüßt haben mögen.

Mindestlohn

Das von den Verbänden von Unternehmen und Arbeitgebern am stärksten bekämpfte Projekt der 18. Wahlperiode dürfte die Einführung eines flächendeckenden Mindestlohnes von € 8.50 pro Stunde sein. Wirtschaftsnahe Institute erstellten Studien mit Horrorzahlen darüber, wie viele Arbeitsplätze die Einführung des Mindestlohnes kosten würde. Nichts davon bewahrheitete sich.

Strittig war zuletzt die Art und Weise, auf die der Mindestlohn festgelegt werden sollte. Am Ende der Diskussion stand eine Einigung auf eine »marktwirtschaftliche Lösung«, die die allgemeine Lohnentwicklung berücksichtigen und verhindern sollte, daß der Mindestlohn »politisch« festgelegt würde. Die von verschiedenen wirtschaftsnahen Seiten geäußerte Besorgnis bestand vor allem darin, daß im Vorfeld vor

Wahlen Regierungen als »Wahlgeschenk« den Mindestlohn in wirtschaftspolitisch unvernünftiger Weise erhöhen könnten.

Zu diesem Zwecke wurde eine Mindestlohnkommission gebildet, in der Vertreter von Arbeitgebern und Gewerkschaften, beraten von jeweils Vertretern arbeitgeber- und gewerkschaftsnaher Institute über den Mindestlohn entscheiden. Im Sommer 2021 gehörten der Mindestlohnkommission neben dem Vorsitzenden Jan Zilius an: Robert Feiger, Stefan Körzell und Andrea Kocsis für die Arbeitnehmerseite sowie Brigitte Faust, Steffen Kampeter und Karl-Sebastian Schulte für die Arbeitgeberseite. Beratende wissenschaftliche Mitglieder sind Prof. Dr. Dr. h.c. Lars P. Feld (verschiedene Funktion in neoliberalen Instituten und Stiftungen) und Dr. Claudia Weinkopf (zuletzt Forschungsdirektorin im Institut Arbeit und Technik/Wissenschaftszentrum Nordrhein-Westfalen).[85]

Die Beschlüsse der Kommission sorgten dafür, daß der Mindestlohn ausgesprochen moderat steigt. Im ersten Beschluß am 28.06.2016 entschied die Kommission, daß der Mindestlohn zum 01.01.2017 von € 8.50 auf € 8.84 steigen solle.[86] Im zweiten Beschluß vom 26.06.2018 wurde festgelegt, daß der Mindestlohn zum 01.01.2019 auf € 9.19 und zum 01.01.2020 auf € 9.35 steigen solle.[87] Zum 01.01.2021 betrug der Mindestlohn € 9.50 je Zeitstunde.[88] Dies bedeutet, daß der Mindestlohn in den

---

[85] vgl. https://www.mindestlohn-kommission.de/DE/Kommission/Mitglieder/mitglieder_node.html (zuletzt aufgerufen: 11.12.2022).
[86] vgl. https://www.mindestlohn-kommission.de/DE/Bericht/pdf/Beschluss2016.html?nn=8818832 (zuletzt aufgerufen: 11.12.2022).
[87] vgl. https://www.mindestlohn-kommission.de/DE/Bericht/pdf/Beschluss2018.pdf?__blob=publicationFile&v=11 (zuletzt aufgerufen: 11.12.2022).
[88] vgl. https://www.mindestlohn-

sechs Jahren seit seiner Einführung 2015 um gerade mal einen Euro gestiegen ist.

Hinzu kamen verschiedene Ausnahmen, die von Befürwortern eines umfassenden Mindestlohnes kritisiert wurden, darunter eine besondere Übergangszeit für die Zeitungsverlage, in der sie ihren Zeitungsausträgern den Mindestlohn nicht zu zahlen brauchten, sowie Ausnahmeregelungen für Praktikanten.[89] Eine weitere Sonderregelung gilt für Jugendliche ohne Berufsausbildung (§ 22 Abs. 2 Mindestlohngesetz [MiLoG]). Diese Regelung soll sicherstellen, daß Jugendliche eine Berufsausbildung machen statt eine ungelernte Beschäftigung mit Mindestlohn-Vergütung zu ergreifen.

Eine weitere Ausnahme galt – ganz in der Tradition der Hartz-Gesetze – für sogenannte Langzeitarbeitslose, die in den ersten sechs Monaten ihrer Beschäftigung keinen Anspruch auf den Mindestlohn haben (§ 22 Abs. 4 MiLoG). Für diese Diskriminierung von Langzeitarbeitslosen gibt es keine Rechtfertigung. Durchgesetzt hat sich hier die Arbeitgebervorstellung, daß Menschen, die über längere Zeit arbeitslos waren, erst einmal wieder ans Arbeiten herangeführt werden müssen und sich deshalb mit einem niedrigeren Lohn abzufinden haben. Solchen Menschen eine Entlohnung unterhalb des Mindestlohnes zahlen zu können, soll somit einen Anreiz für Arbeitgeber bieten, diese einzustellen. Hier haben sich offensichtlich die Interessengruppen der Unternehmen und der Arbeitgeberverbände durchgesetzt.

Inzwischen hatten sich SPD und Grüne der Forderung

---

kommission.de/DE/Kommission/kommission_node.html (zuletzt aufgerufen: 11.12.2022).
[89] vgl. Oechsner, Thomas: Mindestens zweifelhaft in: Süddeutsche Zeitung vom 30.06.2014, S. 19.

der Linkspartei, den Mindestlohn auf € 12 pro Zeitstunde anzuheben, angeschlossen. Diese Forderung wird abermals von wirtschaftsnahen Akteuren bekämpft, die davor warnen, in die Konstruktion der Mindestlohnkommission einzugreifen und den Mindestlohn »politisch« festzulegen. Selbst die von den Metallarbeitgebern finanzierte Initiative Neue Soziale Marktwirtschaft, der im Rahmen der Einführung des Mindestlohns kein Horrorszenario zu schrecklich war, um es gegen den Mindestlohn an die Wand zu malen, schwang sich nun angesichts der Forderung nach einem Mindestlohn von € 12 pro Stunde zu einem flammenden Verteidiger des bisherigen Systems des Mindestlohnes und der Mindestlohnkommission auf.[90] Diese »politische« Festlegung, die angestrebt wird, sollte jedoch vor allem dazu dienen, den Mindestlohn armutsfester zu machen als er es nach der bisherigen Entwicklung war.

Obwohl die Sozialdemokraten also in der 18. Wahlperiode den Mindestlohn auch gegen Widerstände in den Unionsparteien durchgesetzt hatten, konnte dieser Erfolg nicht verhindern, daß sich das Wahlergebnis der SPD von 25.7 Prozent im Jahr 2013 auf 20.5 Prozent im Jahr 2017 verschlechterte.

Rente mit 63

Ein weiteres Wahlversprechen, welches die SPD einlöste, war der Renteneintritt mit 63 Jahren. Beide Projekte wurden von der späteren SPD-Parteivorsitzenden Andrea Nahles als Arbeitsministerin in der 18. Wahlperiode verantwortet.

Bei der Rente mit 63 Jahren ging es um einen Renteneintritt im Alter von 63 Jahren ohne entsprechende

---

[90] vgl. https://www.insm.de/insm/publikationen/insm-positionen/mindestlohn (zuletzt aufgerufen: 11.12.2022).

Abschläge, die ein früherer Eintritt in die Rente als zum regulären Rentenalter nach sich zieht. Hatte noch Franz Müntefering als Arbeitsminister die Rente mit 67 Jahren eingeführt, sollte die Rente mit 63 Menschen, die besonders früh ins Arbeitsleben eingetreten waren, einen früheren abschlagsfreien Renteneintritt ermöglichen.

Allerdings galt und gilt die Rente mit 63 nicht uneingeschränkt. Sie kann nur von den Geburtenjahrgängen bis 1952 in Anspruch genommen werden. Danach steigt die Möglichkeit, vorzeitig in Rente zu gehen, bis zum Geburtenjahrgang 1964 auf 65 Jahre an. Voraussetzung sind 45 Beitragsjahre zur Rentenversicherung.

Noch heute wird der »Mut« von Müntefering gelobt, das Rentenalter heraufgesetzt zu haben, um »Generationengerechtigkeit« zu schaffen.[91] Die Heraufsetzung des Renteneintrittsalters bewirkt vor allem für jene, die nicht bis dahin durchhalten, weil sie schwere körperliche Arbeit leisten, eine Rentenkürzung. Auch die Reform von Nahles schaffte hier keine Abhilfe, zumal nur die Jahrgänge 1953 bis 1963 begünstigte,[92] dies zudem in abnehmendem Maße.

Hinzu kam bereits die Absenkung des Rentenniveaus durch die Riester-Rente, so daß Betroffene, die früher in Renten gehen und Abschläge hinnehmen müssen, eine besonders kleine Rente beziehen. Insofern war zu erwarten, daß die kleine Reform von Andrea Nahles keine besondere Breitenwirkung hinsichtlich der Wahlchancen der SPD entfalten würde.

Als SPD und Grüne die Riester-Reform einführten und in deren Rahmen das Rentenniveau senkten und zu-

---

[91] vgl. Munsberg, Hendrik: *Mutig wie Müntefering.* Süddeutsche Zeitung, 02.2.2021, S. 15.
[92] vgl. ebd.

gleich die staatlich geförderte Privatvorsorge einführten, die allerdings über die Zuschüsse ausschließlich durch die Arbeitnehmer/innen zu tragen waren, setzten SPD und Grüne vor allem auf hohe Zinsen. Im Rahmen der Bankenkrise und der anschließenden, bis heute anhaltenden Niedrigzinspolitik wurde auch die Privatvorsorge entwertet. Altersarmut, die in den 1990er Jahren überwunden schien, wurde wieder zum politischen Thema.

Über die Krise der Sozialdemokraten bestehen verschiedene Auffassungen. Während Gerhard Schröder nicht müde wird, darauf hinzuweisen, daß er 2005 nach seiner Agenda-Politik und den Hartz-Reformen immer noch 34.2 Prozent für die SPD holen konnte und somit die Reformen nicht der Grund für die Krise der Partei seien könne, geben viele Mitglieder der SPD den Hartz-Reformen die Schuld für das anhaltend schlechte Abschneiden der Partei. Tatsächlich hatte sich auch schon während der Regierungszeit Schröders gezeigt, daß die Zustimmung zur SPD auch bei den Landtagswahlen abnahm. Zur Wahrheit gehört auch, daß die SPD bei der Bundestagswahl 1998, als sie gemeinsam mit den Grünen die Wahl gewann und die Regierungsverantwortung übernahm, noch auf 40.9 Prozent gekommen war, während 2002, also nach vier Jahren des Regierens, die Partei bereits 38.5 Prozent absank.

Die Reformen, die in der 18. Wahlperiode vorgenommen wurden, stellten Reparaturen an der Agenda 2010 dar, die offenbar auch von der Bevölkerung so wahrgenommen wurden. Schon bei der Deregulierung des Arbeitsmarktes unter der Regierung Schröder wurde über die Einführung eines Mindestlohnes diskutiert, der aber aufgrund des Widerstandes der Gewerkschaften nicht eingeführt wurde. Die rot-grüne Regierung führte die weiteren Reformen dennoch durch. Schröder selbst rühmte sich im Januar 2005 auf dem Weltwirtschaftsforum: »Wir haben unseren Arbeitsmarkt liberalisiert. Wir haben einen der besten Niedriglohnsektoren aufgebaut, den es in Europa gibt.«[93]

Genau dies war auch eine der Folgen der Agenda-Politik Schröders, durch die Druck auf die Löhne ausgeübt wurde und die Schere zwischen Arm und Reich weiter auseinanderging. Die Reformen, die die Sozialdemokraten in der großen Koalition der 18. Wahlperiode machten, waren offensichtlich nicht in der Lage, das Vertrauen der Menschen, das seinerzeit verlorenging, zurückzugewinnen.

»Respekt-Rente«

Eine weitere Reform folgte in der 19. Wahlperiode mit der sogenannten »Respekt-Rente«, die jenen, die große Teile ihres Lebens in dem (von Schröder geschaffenen) Niedriglohnsektor gearbeitet hatten, den Gang zum Sozialamt ersparen sollte. Obwohl die Grundrente im Koalitionsvertrag vereinbart worden war, mußte die SPD um die Durchsetzung und die Ausgestaltung mit der Union streiten, um diese durchzusetzen, wobei sich der Streit in erster Linie um die Finanzierung des Projektes drehte.

Angerechnet werden auch Kindererziehungszeiten und die Pflege alter Menschen.[94] Wer hingegen einfach Pech im Leben hatte und die erforderlichen 33 Beitragsjahre nicht erreicht, bleibt weiterhin auf das Sozialamt verwiesen und verdient in den Augen der Schöpfer der »Respekt-Rente« offenbar keinen Re-

---

[93] Roth, Eva und Markus Sievers: *Der Volltreffer von Schröder*. FR-online. https://www.fr.de/wirtschaft/volltreffer-schroeder-11711543.html (zuletzt aufgerufen: 11.12.2022).
[94] vgl. https://www.spd.de/aktuelles/grundrente/ (zuletzt aufgerufen: 11.12.2022).

spekt. Der Begriff der »Grundrente« für dieses Gesetz ist hingegen irreführend, weil es sich eben nicht um eine Grundrente für alle handelt, sondern um eine kleine Art Belohnung für jene, die den größeren Teil ihres Arbeitslebens im Niedriglohnsektor verbrachte. Auch hierin kann eine nachträgliche Reparatur der Agenda 2010 gesehen werden, die der neue Vorstand eigentlich überwinden wollte. Eine echte armutsfeste Grundrente für alle wird gegenwärtig allein von der Linkspartei gefordert.

Corona-Krise

In der Corona-Krise waren die SPD-Minister Olaf Scholz und Hubertus Heil zentrale Akteure zur Bewältigung der entsprechenden Teilbereiche der Krise. Als Finanzminister stand Olaf Scholz sehr im Vordergrund und bestimmte mit den Bezeichnungen »Bazooka« und »Wumms« für die Finanzhilfen durchaus die öffentliche Diskussion. Dies dürfte ihm auch als Kandidat zuträglich gewesen sein und seine im Vergleich zur Gesamtbewertung der Partei guten Umfrageergebnisse eingefahren haben. Daran änderte offenbar auch die Kritik an der schleppenden Auszahlung der Hilfen nichts.

Hubertus Heil setzte sich zudem für die Kurzarbeiterregelung ein, die jedoch für Arbeitnehmer/innen zwiespältig zu beurteilen sind, sowie für eine verstärkte Durchsetzung der Home-Office, also der Pflicht für die Arbeitgeber, ihren Mitarbeitern die Möglichkeit zu bieten, von zu Hause aus zu arbeiten, soweit die Tätigkeit dies zuließ. Die Kurzarbeiterregelung dürfte dazu beigetragen haben, daß die Arbeitslosigkeit während der Corona-Krise nicht sprunghaft angestiegen ist. Zugleich brachte sie für die Betroffenen erhebliche Einkommensverluste mit sich. Eine entsprechende Regelung, die Mietvertragskündigungen wegen Mietrückständen untersagte, wurde zu Beginn der Corona-Krise erlassen, jedoch noch im gleichen Jahr wieder aufgehoben.

Stärker präsent in der Öffentlichkeit war jedoch Gesundheitsminister Spahn, der schließlich der für die Krankheit unmittelbar zuständige Minister war. Daß die CDU/CSU im Frühjahr 2021 in die Masken-Affaire geriet, in deren Rahmen Abgeordnete der Union üppige Provisionen für die Vermittlung von Masken-Verträgen erhalten hatte, schadete der CDU bei den Landtagswahlen im Frühjahr. Im Hinblick auf die Bundestagswahl schien die Masken-Affäre jedoch inzwischen praktisch keine Rolle mehr zu spielen.

Bilanz des »guten Regierens«

Auch wenn die Partei unbestreitbar Verbesserungen für benachteiligte Gruppen erreicht hat, die eigentlich zur Klientel der Partei zählen, wirkt sich dies hartnäckig nicht auf die Umfrageergebnisse oder gar auf die Wahlergebnisse der Partei aus. 1998 hatten rd. 20 Mio. Wähler/innen für die SPD gestimmt – 2017 waren es nur rd. 9.5 Mio. Wähler/innen.

Abermals entsteht der Eindruck, daß das Mitregieren der Partei mehr geschadet als genutzt hat. Das mag auch daran liegen, daß ihr als kleinerem Koalitionspartner die Erfolge der Regierung weniger zugerechnet werden als der CDU/CSU als größerem Koalitionspartner. Dies mag auch für das Agieren der SPD-Minister während der Corona-Krise zutreffen, die zwar in der Öffentlichkeit viel Zustimmung erfahren hat, von der die Partei im Hinblick auf die Umfrageergebnisse zur Bundestagswahl jedoch praktisch nicht profitiert.

Überdies konnte sich die SPD auch nicht in allen Fragen durchsetzen und mußte immer wieder Abstriche bei ihren Konzepten machen. Die zuweilen kleinteiligen Kompromisse waren später als Erfolg durchaus nicht immer leicht zu vermitteln. So konnte sich die Partei in der großen Koalition zum Beispiel auch bei der CO_2-Bepreisung nicht durchsetzen als sie forderte, daß die Mehrkosten, die dadurch für die Mieter entstanden, zwischen den Mietern und ihren Vermietern geteilt werden sollten.

Der Zwiespalt der Partei zwischen Anknüpfung an die Agenda 2010 und einer Abkehr von der Regierungspolitik Schröders kam darin zum Ausdruck, daß die Partei wahlprogrammatisch eher an linke Themen anknüpfte, zugleich aber mit Frank-Walter Steinmeier 2009 und Peer Steinbrück 2013 Vertreter der Agenda-Politik der Regierung Schröder als Kanzlerkandidaten antraten.

2017 trat mit Martin Schulz zum ersten Mal ein SPD-Kanzlerkandidat an, der nicht direkt an der Agenda 2010 beteiligt war. Nun, im Jahr 2021 sollte mit Olaf Scholz wieder ein Kanzlerkandidat die Sozialdemokraten in die Bundestagswahl führen, der wiederum zu den Vertretern der Agenda 2010 gehört. Er war Generalsekretär und hatte die neue Linie Gerhard Schröders mitgetragen. Seine Nominierung mag Ausdruck des Bemühens der beiden eher linken Vorsitzenden sein, alle Strömungen der SPD einzubinden, könnte zugleich aber auch ein Zeichen dafür sein, daß der neue Vorstand es nicht vermochte, auch in der Kanzlerkandidatur einen völligen Neuanfang zu beginnen und damit den Kurswechsel auch glaubwürdig in den Bundestagswahlkampf zu tragen. Hieran mögen auch noch weitere Kräfte der konservativen Seeheimer und der Agenda-Fraktion beteiligt gewesen sein.

Daß sich Esken und Walter-Borjans für Scholz als Kanzlerkandidaten entschieden haben, mag auch ein Hinweis darauf sein, wie bescheiden die Hausmacht der beiden Vorsitzenden (noch?) ist. Sie reichte offenbar nicht aus, um einen Kandidaten zu präsentieren, der in erster Linie dieselbe programmatische Ausrichtung repräsentiert wie sie selbst. Statt dessen setzten sie nun auf einen Seeheimer und ausgerechnet auf jenen, der bei der Vorsitzenden-Wahl ein halbes Jahr zuvor gegen sie verlor.

Abermals erzeugt die Partei mit dem eher konservativen Kandidaten und einem eher linken Wahlprogramm ein Spannungsverhältnis, an dem sie schon einige Male gescheitert war. Am Ende werden beide Seiten im Falle des Scheiterns die Möglichkeit haben, der jeweils anderen Seite die Schuld zuzuweisen. Schon im Vorfeld der Bundestagswahl waren Kommentare zu lesen, daß Scholz die größere Gefahr für seine Kandidatur aus der eigenen Partei drohe. Die Vorsitzenden Saskia Esken und Nobert Walter-Borjans hätten Scholz zur Seite zu stehen, wenn er dies brauche und, wenn er es wünsche, hinter ihm zu verschwinden.[95] Demgegenüber lassen jedoch die öffentlichen Auftritte von Olaf Scholz, Saskia Esken und Norbert Walter-Borjans keine Konflikte zwischen den Spitzenleuten erkennen. Diese Einigkeit dürfte mit der Zeit auch den Kritikern den Wind aus den Segeln nehmen.

---

[95] vgl. Fried, Nico: *Der Durchhalter.* Süddeutsche Zeitung, 11.08.2020, S. 4.

Christlich-Demokratische Union

Auch die Führungskrise der CDU nahm ihren Ausgang in der im SPD-Kapitel bereits beschriebenen Affäre um Hans-Georg Maaßen, die Auseinandersetzung um die Flüchtlingspläne des Innenministers Horst Seehofer und die schlechten Wahlergebnisse in Bayern und Hessen. Als Konsequenz erklärte Bundeskanzlerin Angela Merkel, daß sie nicht erneut als Vorsitzende der Bundes-CDU kandidieren wird und daß auch die laufende Wahlperiode ihre letzte als Kanzlerin sein wird.

Zunächst gelang der CDU ein routinierter Wechsel an der Parteispitze, wenngleich das Wahlergebnis der neuen Vorsitzenden zeigte, wie sehr die Partei doch in zwei Lager gespalten war – und auch immer noch ist. Als dann in Thüringen im Februar 2020 der FDP-Politiker Thomas Kemmerich mit den Stimmen von FDP, CDU und AfD zum Ministerpräsidenten des Bundeslandes gewählt wurde, geriet die CDU in eine erneute Führungskrise, die durch den Ausbruch der Corona-Pandemie und der damit notwendigen Auflagen für Großveranstaltungen deutlich in die Länge gezogen wurde und bis zum Januar 2021 anhalten sollte.

Die Ära Merkel

Weil die Ära Merkel für die Entwicklung in der CDU von erheblicher Bedeutung ist, folgt nun ein Überblick über die Regierungszeit der Kanzlerin und CDU-Partei-vorsitzenden, bevor es um den langen Weg der Partei zu einem neuen Vorsitzenden gehen soll.

Angela Merkel begann ihre politische Karriere im Demokratischen Aufbruch, der in der CDU aufging.[96] Sie

---

[96] vgl. https://web.archive.org/web/20210621013826/https://www.angela-merkel.de/leben.html (zuletzt aufgerufen: 11.12.2022).

wurde nach der deutschen Einheit Ministerin im Kabinett Kohl, zunächst als Bundesministerin für Frauen und Jugend, später als Bundesministerin für Umwelt und Reaktorsicherheit. In letzterem Ministerium erwarb sich Merkel den Ruf als glühende Befürworterin der Atomkraft.

Nach der Abwahl der Regierung Kohl 1998 wurde Angela Merkel Generalsekretärin unter Wolfgang Schäuble, der Kohl als Vorsitzender ablöste. Im Zuge der CDU-Spendenaffaire mußte auch Wolfgang Schäuble wegen einer ungeklärten Spende des Waffenlobbyisten Karlheinz Schreiber zurücktreten. Seine Nachfolgerin im Amt des Parteivorsitzenden wurde Angela Merkel, die bereits als Generalsekretärin den Bruch mit Helmut Kohl eingeleitet hatte und dafür sorgte, daß die sich die Partei von ihm löste.

Im Vorfeld der Bundestagswahl 2002 setzte sich in der Frage der Kanzlerkandidatur der bayerische Ministerpräsident Edmund Stoiber durch. Besser gesagt: Angela Merkel ließ ihm nach einem legendären Frühstück in Wolfratshausen, der Heimat Stoibers, den Vortritt.

Am Wahlabend der Bundestagswahl fiel das Ergebnis denkbar knapp aus, was Edmund Stoiber dazu veranlaßte, sich vorsichtig als Wahlsieger zu betrachten. Er ging somit als Wahlsieger ins Bett und wachte am nächsten Tag als Wahlverlierer auf – die Regierung Schröder aus SPD und Grünen hatten die Wahl am Ende doch für sich entscheiden können.

Nach der Wahlniederlage der Union 2002 übernahm Angela Merkel den Fraktionsvorsitz und verdrängte Friedrich Merz von dieser Position. So unterstrich sie bereits frühzeitig ihren Anspruch, die nächste Kanzlerkandidatin der Union zu sein und sich bereits im Parlament hierfür zu profilieren.

Nach einer Reihe von Wahlniederlagen nach der Umsetzung der neoliberalen Agenda 2010 führte Bundeskanzler Schröder, der wegen seines Kurses innerhalb der Partei in Bedrängnis und Kritik geriet, durch eine fingierte Vertrauensfrage vorzeitige Neuwahlen im Jahr 2005 herbei. Nun wurde Angela Merkel die Kanzlerkandidatin der Union. Obgleich die Meinungsforschungsinstitute der Union ein gutes Ergebnis um die 40 Prozent voraussagten, erreichte die Union zu ihrem Entsetzen am Wahlabend tatsächlich nur 35.2 Prozent und lag damit nur einen Prozentpunkt vor der SPD. Angela Merkel hatte als Kanzlerkandidatin darüber noch schlechter abgeschnitten als Edmund Stoiber, der bei der Bundestagswahl 2002 auf 38.5 Prozent kam.[97]

Beobachter betrachteten das selbstbewußte Auftreten Schröders gegenüber Angela Merkel als Ursache dafür, daß innerhalb der CDU keine kritische Diskussion um das schlechte Abschneiden und die Kanzlerkandidatin auftrat, sondern sich die Unionsparteien hinter Angela Merkel versammelten. Weil es mit Merkels Wunschpartner FDP nicht zu einer Mehrheit reichte, kam es zur ersten großen Koalition zwischen Union und SPD unter Angela Merkel.

Dennoch zog Angela Merkel Lehren aus dem Wahlkampf. Das »Leipziger Programm« der CDU für den Wahlkampf war ein betont neoliberales Wahlprogramm, das unter anderem die sogenannte »Kopfpauschale« bei der Krankenversicherung vorsah. Jeder sollte künftig unabhängig von der Höhe seines Gehaltes den gleichen Beitrag zahlen. Auch der Wahlkampf der Unionsparteien war betont wirtschaftsnahe. Auch zeigte Angela Merkel im Wahlkampf eine große Nähe zur Initiative Neue Soziale Marktwirtschaft (INSM) und

---

[97] vgl. diese und die folgenden Bundestagswahlergebnisse: https://www.bundeswahlleiter.de/ (zuletzt aufgerufen: 11.12.2022) oder auch http://www.wahlergebnisse.info/1000.php (zuletzt aufgerufen: 11.12.2022).

betonte die Auszeichnungen, die einzelne Mitglieder ihres Schattenkabinetts von der INSM erhalten hatten. Die INSM ist eine Lobbyeinrichtung, die von den Arbeitgebern der Metallindustrie gegründet wurde und dafür bezahlt wird, eine neoliberale Gehirnwäsche an der deutschen Bevölkerung vorzunehmen. Merkel selbst trat auch auf Veranstaltungen der INSM auf.

Das Wahlergebnis zeigte ihr, daß eine so offene Nähe zu Wirtschafts- und Arbeitgeberverbänden und eine unverhohlene Vertretung derer Interessen nicht zu einer notwendigen Regierungsmehrheit im Parlament führten. In den folgenden Wahlkämpfen zeigte sie hier mehr Distanz, wenngleich sie ihre wirtschaftsnahe Politik fortsetzte. Dazu zählte auch ihr Einsatz für verschiedene Freihandelsabkommen, die der Wirtschaft international neue Märkte erschließen sollten.

Die Bundestagswahl 2009 brachte der Union ein noch schlechteres Ergebnis: CDU/CSU fielen auf 33.8 Prozent. Weil aber die FDP deutlich an Stimmen hinzugewonnen hatte und auf 14.6 Prozent kam, reichte es nunmehr für eine Koalition zwischen Union und FDP. Dies ermöglichte der Kanzlerin auch, den Atomausstieg der rot-grünen Regierung teilweise zu revidieren, indem sie die Laufzeiten für die Atomkraftwerke verlängerte.

Mit der Atomkatastrophe in Japan im März 2011 änderte die Kanzlerin ihren Kurs und setzte plötzlich die erst im Herbst zuvor beschlossene Laufzeitverlängerung von acht Jahren für alte und vierzehn Jahre für neuere Reaktoren aus.[98]

Bei der Landtagswahl in Baden-Württemberg, die knapp zwei Wochen nach der Atomkatastrophe in

---

[98] vgl. *Kehrtwende in der deutschen Atompolitik*. Süddeutsche Zeitung, 15.03.2021, S. 1.

Fukushima stattfand, gewannen die Grünen deutlich hinzu und konnten mit der SPD in Baden-Württemberg eine Regierung bilden. Winfried Kretschmann wurde erster Ministerpräsident der Grünen.

Ebenfalls im März 2011 setzte die Regierung Merkel die Wehrpflicht im Rahmen der Streitkräftereform aus und schuf einen freiwilligen Wehrdienst mit einer Dauer von sechs bis 23 Monaten.[99]

Bei der Bundestagswahl im Jahr 2013 scheiterte die FDP an der Sperrklausel und verließ den Bundestag. Die Union holte in dem Jahr ihr bestes Ergebnis der Ära Merkel mit 41.5 Prozent. Weil die FDP und die neu entstandene AfD knapp an der Sperrklausel scheiterten, hatte die Union fast die absolute Mehrheit der Mandate erreicht. Weil die Basis für eine schwarz-grüne Regierung zu der Zeit nicht gegeben war, kam es zur zweiten großen Koalition zwischen Union und SPD unter der Bundeskanzlerin Angela Merkel. Dies führte dazu, daß die Opposition im Deutschen Bundestag so klein war, daß sie die für verschiedene Kontrollmechanismen notwendigen Quoren nicht erreichte. Einige Änderungen führten zu Erleichterungen in einer aus demokratietheoretischer Sicht insgesamt unerfreulichen Situation.

In diese dritte Amtszeit Merkels fiel die Einführung des allgemeinen Mindestlohnes, der bis dahin nur für einzelne Branchen existierte. Gegen Ende der Wahlperiode entschied der Bundestag über die Ehe für alle. Die Abstimmung über diese Frage wurde auch seitens der Unionsparteien zur Gewissensfrage erklärt und der Bundestag beschloß somit die Ehe für alle. Merkel selbst stimmte in namentlicher Abstimmungen mit

---

[99] vgl. https://www.bundestag.de/webarchiv/textarchiv/2011/33831 649_kw12_de_wehrdienst-204958 (zuletzt aufgerufen: 11.12.2022).

nein.[100] Das Gesetz wurde mit rot-rot-grüner Mehrheit angenommen und obwohl in den Medien über ein mögliches Ende der großen Koalition diskutiert wurde,[101] setzte Merkel dieses Bündnis bis zur Bundestagswahl fort.

Im Jahr 2015 folgte die sogenannte »Flüchtlingskrise«, die insbesondere von der bei der Bundestagswahl 2013 knapp an der Sperrklausel gescheiterten AfD zur eigenen Profilierung mißbraucht wurde. Der Begriff »Flüchtlingskrise« wird in diesem Buch deshalb stets in Anführungszeichen gesetzt, weil dieser Begriff die Flüchtlinge für einen Umstand verantwortlich machen will, der politisch zu verantworten ist. Es ist nicht die Schuld der Flüchtlinge, daß in ihren Herkunftsländern Krieg und Elend herrschen. Dies hat teilweise noch mit der Kolonialzeit, aber auch wesentlich mit dem Weltwirtschaftssystem zu tun. Der andere Teil der sogenannten »Flüchtlingskrise« hängt mit dem Versagen Europas zusammen, die Menschen, die vor dem Krieg in Syrien fliehen, nicht fair auf die Länder der Europäischen Gemeinschaft zu verteilen. Die Weigerung einzelner Länder, Flüchtlinge aufzunehmen, kann ebenfalls nicht den Flüchtlingen angelastet werden.

Nachdem Angela Merkel zunächst aus humanitären Gründen die Grenzen für die Flüchtlinge geöffnet hatte, setzte sie zeitnahe doch wieder auf eine Abschottungspolitik, die in dem umstrittenen Flüchtlingsabkommen mit der Türkei ihren Ausdruck fand. Vorausgegangen war der gescheiterte Versuch, die Flüchtlinge gerecht auf die Staaten Europas zu verteilen. Obwohl Merkel also selbst längst auf Abschottung setzte, warfen ihr AfD und PEGIDA unbeeindruckt vor,

---

[100] vgl. https://www.bundestag.de/parlament/plenum/abstimmung/abstimmung/?id=486 (zuletzt aufgerufen: 11.12.2022).
[101] vgl. Rossmann, Robert: *Scheidung auf Raten.* Süddeutsche Zeitung, 01.07.2017, S. 1.

Deutschland weiterhin mit Flüchtlingen »überschwemmen« zu wollen und machten die Flüchtlingspolitik Merkels für alle Probleme bis hin zur Wohnungsnot verantwortlich.

Auch die CSU und insbesondere Horst Seehofer suchte in der Flüchtlingspolitik die eigene Profilierung über den Konflikt mit der Kanzlerin. Die Debatten über diese Problematik trugen im Ergebnis zum Rückzug Merkels vom Parteivorsitz und ihrem Verzicht auf eine erneute Kanzlerkandidatur bei.

Bei der Bundestagswahl 2017 verlor die große Koalition zusammen rund vierzehn Prozentpunkte. Die Union fiel auf 33.0 Prozent, die SPD auf 20.5 Prozent. FDP und AfD zogen in den Bundestag ein, wobei die AfD drittstärkste Kraft wurde. Als Regierungskonstellationen standen somit nur die Fortsetzung der großen Koalition, die von den Sozialdemokraten nicht gewollt war, sowie ein Bündnis aus Union, Grüne und FDP zur Debatte. Letztere Option wurde zunächst verhandelt, scheiterte aber an der FDP.

Nach einigem Zögen und entsprechendem öffentlichen Druck entschloß sich die SPD zur dritten großen Koalition unter Bundeskanzlerin Merkel. Diese dritte Amtszeit war auch von parteiinternen Krisen der Regierungsparteien gekennzeichnet, die, wie bereits oben ausgeführt, auch auf die Flüchtlingspolitik und das Verhalten des Verfassungsschutzpräsidenten Maaßens zurückging. Angela Merkel kündigte im Herbst 2018 ihren Rückzug vom Parteivorsitz und den Verzicht auf eine erneute Kandidatur als Kanzlerin an. Die letzten zwei Jahre ihrer letzten Amtszeit waren dann von der Bekämpfung der Corona-Pandemie geprägt.

In die Regierungszeit von Angela Merkel fiel auch der Diesel-Skandal verschiedener Automobilhersteller, in dessen Mittelpunkt jedoch VW stand. Um die Grenzwerte beim CO_2-Ausstoß zu erreichen, wurde eine Software in den Automotoren eingesetzt, die in der Lage war zu erkennen, ob der Wagen auf dem Prüfstand oder im Straßenverkehr war. Auf dem Prüfstand verursachte das Fahrzeug dann niedrigere Abgaswerte als im täglichen Straßenverkehr.

Hier stellte sich Angela Merkel deutlich auf die Seite der Automobilindustrie und hielt trotz des Skandals am Diesel als »Brückentechnologie« zum E-Auto fest. Ohnehin durchzog der Kampf gegen zu strenge Abgasnormen die gesamte Amtszeit von Angela Merkel, die zeitweise von den Medien den Titel »Klimakanzlerin« erhielt. Tatsächlich dürfte Angela Merkel eine noch konsequentere Auto-Kanzlerin gewesen sein als ihr Amtsvorgänger Gerhard Schröder. Damit einher ging, daß die Merkel-Jahre gerade im Hinblick auf den Umstieg vom Verbrennungsmotor zur E-Mobilität weitgehend verlorene Jahre waren.

Dies gilt wohl auch hinsichtlich der fossilen Energien als Heizmittel und Stromerzeuger. Nach Ausbruch des Ukraine-Krieges zeigte sich, wie sehr Deutschland von russischem Gas abhängig geworden war. Gleichwohl hielt Angela Merkel auch angesichts der derzeitigen Probleme daran fest, daß ihre Politik im Hinblick auf russisches Gas kein Fehler war. Das russische Gas sei billiger gewesen als das LNG aus anderen Regionen der Welt und so bereue sie diese Entscheidung, das Gas aus Rußland liefern zu lassen, nicht.[102]

---

[102] vgl. https://www.stern.de/politik/deutschland/angela-merkel-verteidigt-entscheidung-fuer-gas-aus-russland--video--32813316.html (zuletzt aufgerufen: 11.12.2022).

Die CDU in und nach der Ära Merkel

Was folgt aus dieser Zeit? Wichtige Ereignisse und Projekte der Regierungszeit Angela Merkels wurden bereits ausgeführt. Hinzuzufügen wäre noch die Banken- und Wirtschaftskrise des Jahres 2008 und der folgenden Jahre, die in der öffentlichen Diskussion gerne unter Verkennung der Verantwortlichkeiten als »Staatsschuldenkrise« bezeichnet wird.

Während der Ära Merkel war in den Diskussionen um den Kurs der Kanzlerin oftmals von der »Sozialdemokratisierung der Union« die Rede. Gemeint war, daß Angela Merkel mit ihrer Politik die Partei nach links gerückt habe, was insbesondere in den konservativ-liberalen Kreisen der Partei auf Kritik stieß. Als Beispiele für den Linksruck der CDU wurden die Abschaffung der Wehrpflicht[103] und die Einführung der Ehe für alle angeführt. Tatsächlich aber ist die »Sozialdemokratisierung der Union« eine Fata Morgana. Bei vielen der kritisierten Projekte handelt es sich um Kompromisse und Zugeständnisse an den Koalitionspartner, die in jeder Koalition üblich sind. Insbesondere der Umgang mit der Ehe für alle, die 2017 zu einem Wahlkampfthema zu werden drohte, zeigte, daß die Bundeskanzlerin für sie und die Union gefährlich werdende zu Themen erkennen und rechtzeitig abzuräumen vermochte – wenn auch nicht immer in ihrem Sinne. Hierunter fällt auch ihr Kurswechsel in der Atompolitik gegen ihre eigene Überzeugung, weil sie erkannte – und auch bei der Landtagswahl in Baden-Württemberg vorgeführt bekam –, daß ein Festhalten an der Atomkraft gesellschaftspolitisch nicht mehr durchzuhalten war.

---

[103] Wobei der Begriff der Abschaffung irreführend ist, denn die Wehrpflicht wurde bislang nicht formal abgeschafft sondern nur ausgesetzt.

Grundsätzlich neigte Angela Merkel weniger zur Konfrontation als zum Konsens. Dieser »präsidiale Regierungsstil«, der sich im Verlauf ihrer Zeit als Kanzlerin herausbildete, wurde von Konservativen und anderen Beobachtern als Profillosigkeit betrachtet. Ihr Konzept sei die »asymmetrische Demobilisierung«, also eine Politik und ein Wahlkampfstil, der die Anhängerschaft des politischen Gegners dazu motivieren sollte, nicht zur Wahl zu gehen.

Tatsächlich vermied Angela Merkel kontroverse Debatten in Wahlkämpfen, wie zum Beispiel um die gleichgeschlechtliche Ehe, die sich kurz vor der Bundestagswahl durch die Freigabe der Abstimmung als Thema erübrigte.

Konservativ-liberale Kreise in der Partei wünschen sich währenddessen eine Politik, die sowohl wirtschaftsfreundlicher als auch stärker an traditionellen Werten orientiert sei. Davon versprechen sie sich auch eine Schwächung der AfD, die vermeintlich oder tatsächlich der CDU die entsprechenden bürgerlichen Kreise abwirbt.

Dem steht eine Generation von Politikern gegenüber, die sich eine modernere Union wünscht, welche sich nicht nur ablehnend auf die politischen Diskurse der Gegenwart einläßt, und bereit ist, eine pragmatische Politik wie jener Merkels mitzutragen. Daß beide Strömungen in der CDU nahezu gleichgroß sind, zeigen die Abstimmungen bei den Wahlen zu den Parteivorsitzenden 2018 und 2021, bei denen Annegret Kramp-Karrenbauer, beziehungsweise Armin Laschet das Merkel-Lager repräsentierten (wenn auch jeweils mit eigenen Akzenten) sowie Friedrich Merz für die konservativ-liberale Strömung in der CDU stand. Norbert Röttgen, der 2020/21 für den Parteivorsitz kandidierte, stand Laschet näher als Merz, was dann auch am Wahlergebnis ablesbar werden sollte.

Wechsel im Parteivorsitz 2018

Nach der Landtagswahl am 28. Oktober 2018 in Hessen, bei der die CDU erhebliche Verluste hinnehmen mußte, kündigte Angela Merkel an, daß sie nicht mehr für den Parteivorsitz der CDU kandidieren würde. Als Nachfolger bewarben sich die Generalsekretärin Annegret Kramp-Karrenbauer, der Gesundheitsminister Jens Spahn und der ehemalige Fraktionsvorsitzende und Aufsichtsratsvorsitzende der deutschen Abteilung des Vermögensverwalters Blackrock, Friedrich Merz. Letzterer ist Wirtschaftsanwalt mit exzellenten Kontakten in die Politik, was ihm auch weitere Aufsichtsratsmandate einbrachte, die niederzulegen er im Falle seiner Wahl beabsichtigte.[104]

Merz war der unmittelbare Vorgänger im Amt des Fraktionsvorsitzenden von Angela Merkel. Als Edmund Stoiber im Jahr 2002 die Bundestagswahl knapp gegen Gerhard Schröder verlor, beanspruchte Merkel das Amt der Fraktionsvorsitzenden und setzte diesen Anspruch auch durch.

Im Jahr 2006 gehörte Friedrich Merz zu den neun Abgeordneten, die gegen die Ausweitung der Transparenzpflicht im Parteien klagten, nach der Nebentätigkeiten offengelegt werden mußten, um den Wähler/innen zu ermöglichen, Interessenkonflikte zu erkennen. Das Urteil im Jahr 2007 bestätigte die Transparenzpflicht und unterstrich die Vorgabe des Gesetzes zur Rechtstellung der Mitglieder des Deutschen Bundestages (Abgeordnetengesetz, AbgG), daß im Mittelpunkt der Tätigkeit des Abgeordneten das Mandat zu stehen habe (§ 44a Abs. 1 AbgG).[105] Zwar wurden auch Nebentätigkeiten zugelassen, die Höhe der Vergütung

---

[104] vgl.: Müller, Benedikt und Jan Willmroth: *Schwer zu fassen.* Süddeutsche Zeitung, 31.10.2018, S. 2.
[105] vgl. BVerfGE 118, 277, 283.

mußte jedoch nunmehr in mehreren Stufen offengelegt werden. Im Sommer 2007 kam Friedrich Merz auf mindestens 56 000 Euro Nebeneinnahmen seit Beginn der Wahlperiode im Herbst 2005.[106]

Daß die Höhe der Nebeneinkünfte nur ungefähr vermutet werden konnte lag daran, daß das Gesetz vorsah, daß die Höhe der Nebeneinkünfte in drei Stufen angegeben werden mußten: Stufe 1: 1000 bis 3500 Euro; Stufe 2: 3500 bis 7000 Euro und Stufe 3: Nebeneinkünfte von mehr als 7000 Euro.[107]

Doch selbst diese vage Einteilung war Friedrich Merz und seinen acht Mitklägern bereits zu viel der Transparenz. Wegen dieser Vorgeschichte war seine Festlegung, im Falle der Wahl zum Parteivorsitzenden der CDU alle Tätigkeiten in der Wirtschaft einzustellen, umso bemerkenswerter – und wohl auch notwendiger.

Weil der Parteivorsitzende nicht zugleich Kanzler werden würde, gehörte auch die Frage des Verhältnisses der Kandidat/innen zu Angela Merkel zu einem wichtigen Umstand der Kandidaturen. Während Spahn und Merz als Kritiker Merkels galten, zählte Kramp-Karrenbauer zu ihren Vertrauten. Der oder die gewählte Parteivorsitzende würde letztlich noch drei Jahre neben der Kanzlerin amtieren und mit ihr auch im Interesse der Partei gedeihlich zusammenarbeiten müssen.

In Abstufungen würde eine solche Zusammenarbeit zwischen Merkel einerseits und Spahn und Merz andererseits in Abstufungen schwierig werden. Insbesondere Friedrich Merz hatte aus der Vorgeschichte seiner Ablösung gegen Angela Merkel eine tiefe Abneigung.

---

[106] vgl. Schneider, Jens: *Information mit Spielraum für Interpretationen.* Süddeutsche Zeitung, 06.07.2007, S. 5.
[107] vgl. ebd.

Zugleich gilt er als konservativ und wirtschaftsnahe.[108]

Zu der Zeit zeigte auch Armin Laschet bereits Neigungen, für den Parteivorsitz zu kandidieren, entschloß sich schließlich, nicht zu kandidieren. Dies wiederum stärkte die Position Kramp-Karrenbauers, die als Merkel-Vertraute somit keine Konkurrenz bekam, denn Spahn war eher dem Merz-Lager zuzuordnen, während Laschet zu den Vertrauten Merkels zählte.

Nach einem parteiinternen Wahlkampf entschied Annegret Kramp-Karrenbauer die Stichwahl für sich mit 517 Stimmen gegen 482 Stimmen, die auf Friedrich Merz entfielen (bei 999 abgegebenen Stimmen). Spahn war in der ersten Runde mit nur 15.7 Prozent der Stimmen ausgeschieden.[109] Anteilig bedeutete dies 51.8 Prozent der Stimmen für Annegret Kramp-Karrenbauer und 48.2 Prozent für Friedrich Merz. Das Ergebnis zeigte somit die Spaltung der Union in zwei Lager, die es nun galt, auch nach der Entscheidung beieinander zu halten. Merz, dem auch die Fürsprache Wolfgang Schäubles nicht zur Wahl verholfen hatte, verkündete währenddessen, daß er weiter in der Partei mitarbeiten wolle.[110] Das vergleichsweise knappe Ergebnis veranlaßte Merz zu glauben, daß er innerhalb der Partei noch immer hoch im Kurs stand.

Nachdem bei der Wahl zum Europäischen Parlament keiner der Spitzenkandidaten für den Posten des Kommissionspräsidenten eine Chance auf Wahl durch das Europäische Parlament hatte, wurde Ursula von der Leyen als Kompromißkandidatin im Juli 2019 ins

---

[108] vgl. Rossmann, Robert: *Der Anti-Merkel.* Süddeutsche Zeitung, 31.10.20218, S. 2.
[109] vgl. Schneider, Jens: *Die Neue.* Süddeutsche Zeitung, 08.12.2018, S. 1.
[110] vgl. Rossmann, Robert: *CDU-Chefin setzt sich von Merkel ab.* Süddeutsche Zeitung, 10.12.2018, S. 1.

Spiel gebracht und gewählt. Durch diese Personalie wurde das Bundesministerium für Verteidigung frei. Entgegen ihrer ursprünglichen Absicht zog die CDU-Parteichefin Kramp-Karrenbauer als Verteidigungsministerin in das Kabinett Merkel ein. Damit sollte auch der Sorge der CDU-Führung entgegengewirkt werden, die Parteivorsitzende könne sich außerhalb des Kabinetts nicht hinreichend profilieren.[111]

Gleichwohl zeigte Kramp-Karrenbauer immer wieder Eigenständigkeit gegenüber der Kanzlerin und machte dabei deutlich, daß sie konservativer war als Merkel. Als dann mit der Wahl des FDP-Politikers Thomas Kemmerich in Thüringen zum Ministerpräsidenten mit den Stimmen von FDP, CDU und AfD eine handfeste politische Krise aufzog, zeigte sich, daß Kramp-Karrenbauer einer solchen Situation nicht gewachsen war.

Thomas Kemmerich

Unmittelbar bevor die Corona-Krise weltweit die Schlagzeilen dominierte, ereignete sich in Thüringen eine politische Krise, die die CDU-Parteivorsitzende Kramp-Karrenbauer vor eine große Herausforderung stellte. Bei der Landtagswahl in Thüringen am 27. Oktober 2019 brachte das Wahlergebnis keine regierungsfähige Mehrheit unter den Parteien hervor.

Bei 90 Sitzen im Landtag waren 46 Sitze für eine Mehrheit notwendig. Diese erreichten jedoch weder rot-rot-grün (42 Sitze) noch schwarz-gelb (26 Sitze). Weil sich die thüringische CDU sowie die FDP kategorisch weigerten, die Linkspartei als demokratische Partei anzuerkennen und einen Ministerpräsidenten Bodo Ramelow zu wählen, blieb die Situation hinsichtlich der Regierungsbildung verfahren.

---

[111] vgl. Schneider, Jens: ,Höchste Priorität' für die Bundeswehr. Süddeutsche Zeitung, 18.07.20219, S. 1.

***Wahlergebnis in Thüringen am 27.10.2021**[112]*

Linke.	CDU	SPD	GRÜ	FDP	AfD
31.0	21.7	8.2	5.2	5.0	23.4
29	21	8	5	5	22

1. Spalte: Parteien; 2. Spalte: Zweitstimmenergebnis; 3. Spalte: Sitze im Landtag

Im Vorfeld der Wahl zum Ministerpräsidenten zeigte sich die CDU nicht bereit, Bodo Ramelow zu wählen, während Björn Höcke CDU und FDP unverhohlen anbot, gemeinsam einen »bürgerlichen Kandidaten« zu wählen – man könne gemeinsam viel erreichen.[113]

Parallel dazu kündigte die FDP an, sie werde Fraktions- und Landeschef Thomas Kemmerich ins Rennen schicken, jedoch nur so lange wie ein AfD-Kandidat im Rennen sei, weil er nicht mit den Stimmen der AfD gewählt werden wolle. Für den dritten Wahlgang, für den im Gegensatz zum ersten keine absolute sondern nur noch eine einfache Mehrheit notwendig sei, würden sich Union und FDP über die Strategie abstimmen.[114] Würden sich Union und FDP im dritten Wahlgang enthalten, könnte Ramelow mit den Stimmen von Linkspartei, SPD und Grünen gewählt werden.

Die Wahl des Ministerpräsidenten am 5. Februar 2020 spielte sich dann so ab: Im ersten Wahlgang schickten Linke, SPD und Grüne Bodo Ramelow ins Rennen, während die AfD den parteilosen Bürgermeister von Sundhausen, Christoph Kindervater nominierte. Auf Bodo Ramelow entfielen im ersten Wahlgang 43 Stimmen,

---

[112] https://wahlen.thueringen.de/datenbank/wahl1/wahl.asp?wahlart=LW&wJahr=2019&zeigeErg=Land (zuletzt aufgerufen: 11.12.2022).
[113] vgl. Nimz, Ulrike: Sicher ist nichts. Süddeutsche Zeitung, 05.02.2020, S. 2.
[114] vgl. ebd.

auf Kindervater entfielen 25 Stimmen.[115]

Im zweiten Wahlgang traten beide Kandidaten erneut an. Auf Bodo Ramelow entfielen 44 Stimmen und auf Christoph Kindervater 22 Stimmen.[116] Bis hierhin ließ sich feststellen, daß Bodo Ramelow jeweils mehr Stimmen erhalten hatte, als Linkspartei, SPD und Grüne gemeinsam aufbringen konnten. Der Kandidat der AfD hatte im ersten Wahlgang drei Stimmen mehr erhalten als die AfD Abgeordnete stellte, während im zweiten Wahlgang wahrscheinlich nur die AfD für ihn stimmte, was sich aufgrund der geheimen Abstimmung nur vermuten ließ.

Im dritten Wahlgang reichte nunmehr die Mehrheit der Stimmen. Wiederum wurde Bodo Ramelow von Linkspartei, SPD und Grünen vorgeschlagen sowie Christoph Kindervater von der AfD. Diesmal schlug die FDP – entsprechend ihrer Ankündigung – ihren Partei- und Fraktionschef Thomas Kemmerich für die Wahl vor. Das Ergebnis wurde zur Überraschung: Auf Bodo Ramelow entfielen 44 Stimmen, auf Christoph Kindervater 0 Stimmen und auf Thomas Kemmerich 45 Stimmen bei einer Enthaltung. Kemmerich nahm anschließend die Wahl an.[117]

In seiner Rede betonte Kemmerich, daß er ein erbitterter Gegner von allem, was auch nur einen Hauch von Radikalismus, rechts wie links aufweise. Anschließend wurde die Sitzung mit den Stimmen aus FDP, CDU und AfD vertagt.[118]

Was war also passiert? Offensichtlich bestand innerhalb der AfD-Fraktion die Absicht, im dritten Wahl-

---

[115] vgl. Plenarprotokoll des Thüringer Landtags, 7. Wahlperiode, 7. Sitzung am 05.02.2020, S. 445.
[116] vgl. ebd. S. 446.
[117] vgl. ebd. S. 447.
[118] vgl. ebd. S. 449.

gang zum Ministerpräsidenten den eigenen Kandidaten nur pro forma aufzustellen und für den FDP-Mann Kemmerich zu stimmen. Zusammen mit den Stimmen aus FDP, CDU und AfD hatte Kemmerich im dritten Wahlgang eine Stimme mehr als Bodo Ramelow. Somit hatte die Strategie der AfD Erfolg und es ging das Bild um die Welt, auf dem der AfD-Fraktionsvorsitzende Björn Höcke dem frisch gewählten Ministerpräsidenten Thomas Kemmerich herzlich zur Wahl gratulierte.[119] Dabei hatte die FDP am Wahlabend noch lange um den Einzug in das Parlament von Thüringen zittern müssen, der an nur wenigen Stimmen hing. Also wurde der Ministerpräsident nunmehr von einer Partei gestellt, die es geradeso geschafft hatte, überhaupt in den Landtag zu kommen.

CDU und FDP mußten sich nunmehr den Vorwurf gefallen lassen, ausgerechnete mit Hilfe der AfD Thüringens, die als besonders extremistisch gilt, Bodo Ramelow verhindert zu haben. Auch Kramp-Karrenbauer zeigte sich nicht bereit anzuerkennen, daß die Linkspartei dem demokratischen Spektrum zuzurechnen sei und forderte von SPD und Grünen in Thüringen, einen Kandidaten zu präsentieren, der das Land nicht spalte. Die CDU werde weder einen Ministerpräsidenten aus der Linkspartei noch einen aus der AfD wählen.[120] Die Crux bei dieser Aussage: CDU, SPD, GRÜ und FDP kamen gemeinsam nur auf 39 Stimmen, mithin sieben Stimmen weniger als zur Wahl eines Ministerpräsidenten erforderlich waren. Dies war auch das Problem Kemmerichs. Ausgerechnet er forderte nun SPD und Grüne auf, Ideologie hintanzustellen.[121] Für beide Par-

---

[119] vgl. Esslinger, Detlef: *FDP kommt mit AfD-Hilfe an die Macht.* Süddeutsche Zeitung, 06.02.2020, S. 1.
[120] vgl. Esslinger, Detlef: *Die Verantwortung der anderen.* Süddeutsche Zeitung, 08.02.2020, S. 1.
[121] vgl. Brössler, Daniel und Clara Lipkowski: *Erfurter Spagat.*

teien kam eine Zusammenarbeit mit dem FDP-Mann, der sich mit den Stimmen der Höcke-AfD hatte wählen lassen, nicht in Frage.

Bundeskanzlerin Merkel, die sich seit ihrem Rückzug vom Parteivorsitz aus Parteiangelegenheiten weitgehend herausgehalten hatte, forderte, daß das Ergebnis der Wahl Kemmerichs wieder rückgängig gemacht werden müsse.[122] Ähnlich klare Worte hätte auch die Parteivorsitzende finden sollen, die zwar auch auf dem Beschluß der CDU beharrte, nicht mit der AfD zusammenzuarbeiten, zugleich jedoch Probleme hatte, diese Linie in den CDU-Verbänden insbesondere in Thüringen, Sachsen und Sachsen-Anhalt durchzusetzen. In diesen Bundesländern, in denen die CDU in besonderer Weise mit guten Wahlergebnissen der AfD konfrontiert waren, weichte die harte Haltung der Bundesspitze gegenüber der AfD immer wieder auf. Kramp-Karrenbauers Unvermögen, dieses Problem zu lösen, trug zur Wahrnehmung ihrer Person als schwache Vorsitzende bei. Diese öffentliche Wahrnehmung ihrer Person dürfte auch zu ihrer Entscheidung, den Parteivorsitz niederzulegen, beigetragen haben.

Unterdessen kündigte Kemmerich seinen Rückzug an, schien jedoch noch nicht so recht zu wissen, wie. Er wolle Neuwahlen vorschlagen und die Vertrauensfrage stellen. Einen direkten Rücktritt lehnte er offenbar zu dem Zeitpunkt ab.[123] Weil aber CDU und AfD gegen Neuwahlen waren, hätte es zu einer entsprechenden Mehrheit nicht gereicht.[124]

Die Weigerung der CDU, mit der Linkspartei zusam-

Süddeutsche Zeitung, 06.02.2020, S. 2.
[122] vgl. Esslinger, Detlef und Cerstin Gammelin: *Ein Rückzug, viele Fragen.* Süddeutsche Zeitung, 07.02.2020, S. 1.
[123] vgl. ebd.
[124] vgl. ebd.

menzuarbeiten, fand währenddessen in der Bevölkerung nach einer Umfrage der Forschungsgruppe Wahlen keine Mehrheit. Von allen Befragten hielten 50 Prozent diesen Ausschluß der Zusammenarbeit mit der Linkspartei für falsch, hingegen 40 Prozent für richtig. Unter den Anhängern der CDU/CSU waren die Mehrheitsverhältnisse umgekehrt: 64 Prozent hielten die Entscheidung, nicht mit der Linkspartei zusammenarbeiten für richtig und nur 29 Prozent für falsch.[125] Daß Kramp-Karrenbauer auch weiterhin eine Zusammenarbeit mit der Linkspartei ausschloß, entsprach somit den Vorstellungen der Wählerschaft der CDU.

Am Wochenende trat Kemmerich dann doch zurück und blieb amtierender Ministerpräsident. Er verzichtete jedoch darauf, das Bundesland Thüringen auf der 985. Sitzung am 14. Februar 2020 des Bundesrates zu vertreten. Die Bank der Thüringer Landesregierung blieb an dem Tag leer.

Doch blieb Kemmerichs Rücktritt nicht der einzige an jenem Wochenende, denn auch der Ostbeauftragte der Bundesregierung, Christian Hirte, mußte gehen, nachdem er Kemmerich zur Wahl gratuliert hatte, obgleich der Wahlerfolg auf den Stimmen der AfD beruhte.[126] Im September des gleichen Jahres wählte die Thüringer CDU ihn dann zum Landesvorsitzenden als Nachfolger von Mike Mohring.[127] Auch dieser Rücktritt sollte nicht der letzte bleiben. Ebenfalls am Wochenende ließ die CDU-Fraktion im Thüringer Landtag wissen, daß ihr Vorsitzender Mike Mohring Ende Mai als Fraktionschef

---

[125] vgl. Esslinger, Detlef: *Die Verantwortung der anderen.* Süddeutsche Zeitung, 08.02.2020, S. 1.
[126] vgl. Rossmann, Robert: *Eine Union, die platzt.* Süddeutsche Zeitung, 10.02.2020, S. 4.
[127] vgl. Nimz, Ulrike: *Das schlimme Jahr.* Süddeutsche Zeitung, 21.09.2020, S. 6.

abgelöst würde.[128]

Am Montag nach diesem Wochenende der Rücktritte teilte dann CDU-Chefin Kramp-Karrenbauer mit, daß sie auf eine mögliche Kanzlerkandidatur für die Union verzichte und auch den CDU-Vorsitz abgeben werde.[129] Nach etwas mehr als einem Jahr steht die CDU wieder ohne Vorsitzende da. Ihr Unvermögen, den Landesverband Thüringen der CDU zur Kooperation zu bewegen, kostete sie den Vorsitz. Ihre Umfragewerte, die noch zu Jahresbeginn 2019 vergleichbar mit jenen von Angela Merkel zwischen 1.0 und 1.5 lagen, waren inzwischen auf -0.7 gesunken.[130]

Und trotz ihrer Erklärung, daß sie den Vorsitz der CDU aufgeben würde, dauerte es noch fast ein Jahr, bis die CDU tatsächlich wieder einen neuen Vorsitzenden hatte. FDP-Chef Lindner, der während der Kemmerich-Krise ebenfalls ungeschickt agierte, überstand währenddessen eine Vertrauensfrage im Parteivorstand. Mitte Februar kündigte Mike Mohring dann auch seinen Rücktritt als Parteichef der CDU Thüringen an. Er und sein Nachfolger Christian Hirte kandidieren auf der Landesliste Thüringen für den Deutschen Bundestag 2021 auf den Listenplätzen 1 (Hirte) und 7 (Mohring).[131]

---

[128] vgl. Esslinger, Detlef: *Die Verantwortung der anderen.* Süddeutsche Zeitung, 08.02.2020, S. 1.

[129] vgl. Schneider, Jens: *Überraschende Wende.* Süddeutsche Zeitung, 11.02.2021, S. 1.

[130] vgl. ebd.

[131] vgl. https://www.christian-hirte.de/aktuelles/2021/cdu-thueringen-beschliesst-landesliste-zur-bundestagswahl (zuletzt aufgerufen: 11.12.2022).

Der lange Weg zum neuen Vorsitzenden

Nachdem Annegret Kramp-Karrenbauer ihren Rückzug vom Parteivorsitz der CDU angekündigt hatte, befand sich die Union wieder auf der Suche nach einem neuen Vorsitzenden. Während die SPD zu der Zeit ihre Führungsfragen geklärt hatte, herrschte bei der Union erneut Unsicherheit. Schon kurz nach der Ankündigung Kramp-Karrenbauers standen die Aspiranten fest, zu denen sich keine weiteren gesellen würden: Friedrich Merz und Jens Spahn warfen ihre Hüte in den Ring. Hinzu kamen Armin Laschet, Ministerpräsident von Nordrhein-Westfalen, und Norbert Röttgen, CDU-Bundestagsabgeordneter und Vorsitzender des Auswärtigen Ausschusses.

Für gewöhnlich wurden Kandidaten für den Parteivorsitz von ihren Landesverbänden unterstützt, zumal die Entsendung des Bundesvorsitzenden auch Prestige für den Landesverband bedeutete. In diesem Fall jedoch kamen alle Kandidaten aus dem Landesverband Nordrhein-Westfalen, so daß der Konkurrenzkampf um den Parteivorsitz nicht zwischen verschiedenen Landesverbänden stattfand. Die Linie verlief, wie auch schon im Vorfeld der Wahl Kramp-Karrenbauers zur Vorsitzenden, zwischen jenen, die eine Fortsetzung der Politik der Mitte wünschten und jenen, die sich eine konservativere, beziehungsweise liberal-konservativere CDU wünschten.

Gleichwohl stellte sich der Landesvortand der CDU Nordrhein-Westfalens deutlich hinter ihren Landeschef Laschet und nominierte ihn mit 27 Ja-Stimmen bei zwei Nein-Stimmen und drei Enthaltungen zum Kandidaten für den Bundesparteivorsitz.[132]

---

[132] vgl. *NRW-CDU stellt sich hinter Laschet.* Süddeutsche Zeitung, 28.02.2020, S. 8.

Mit Armin Laschet trat ein Vertreter der moderaten Mitte an. Ihm wurde nachgesagt, daß er sehr stark in der Lage ist, Kompromisse zwischen verschiedenen Lagern zu schließen, wobei er selbst eher vage bleibt und – ähnlich wie Merkel – einen präsidialen Stil pflegt. Jens Spahn, der eher als Kritiker Merkels und als konservativ galt, bildete schon bald nach Beginn der Bewerbung ein Team mit Armin Laschet und verzichtete auf eine eigene Kandidatur, was Laschets Position im Kampf um den Vorsitz gestärkt haben durfte.

Eine vergleichbare Linie verfolgt Laschet auch in Nordrhein-Westfalen, wo er sich mit Vertretern verschiedener Lager umgibt, wie dem eher konservativen Verkehrsminister Hendrik Wüst, dem eher linken, christsozialen Gesundheitsminister Karl-Josef Laumann oder dem Innenminister Herbert Reul mit dessen »null Toleranz-Politik«.[133]

Als Laschets stärkster Konkurrent galt Friedrich Merz, der insbesondere in konservativen Landesverbänden – hier besonders jenen in Ostdeutschland – und beim Wirtschaftsrat der CDU unterstützt wurde. Merz gilt als liberal-konservativ und wirtschaftspolitisch sehr marktorientiert. Bereits bei seiner Kandidatur gegen Annegret Kramp-Karrenbauer hatte sich gezeigt, daß er von nahezu der Hälfte der Delegierten unterstützt wurde. Es offenbarte sich die Spaltung der CDU in dem Ergebnis der Stichwahl zwischen Kramp-Karrenbauer und Merz, und es bestanden nach wie vor keine Anzeichen dafür, daß diese Spaltung in der Zwischenzeit überwunden worden war.

Eher Außenseiterchancen wurden Norbert Röttgen eingeräumt, der sich ständig um Präsenz bemühte und tapfer gegen Eindruck ankämpfte, lediglich Zählkandi-

---

[133] vgl. Wernicke, Christian: *Die Krise als Kanzler-Test*. Süddeutsche Zeitung, 23.03.2020, S. 5.

dat zu sein. Sein Schwerpunkt lag in der Europa- und
Außenpolitik, in der er sich allein schon durch seine
Funktion als Vorsitzender des Auswärtigen Ausschus-
ses des Bundestages gut auskannte. Politisch eher zur
Mitte neigend, stellte er mehr eine Konkurrenz für das
Duo Laschet/Spahn denn für Friedrich Merz dar.

Norbert Röttgen war Spitzenkandidat bei der Landtagswahl in Nordrhein-Westfalen im Jahr 2012. In diesem Jahr erlitt die CDU eine herbe Niederlage, bei der
sie von 34.6 Prozent auf 26.3 Prozent abstürzte. Als
Konsequenz erklärte Röttgen den Rücktritt als Landes-
vorsitzender. Wenige Tage später wurde er von Bundeskanzlerin Angela Merkel aus dem Amt des Um-
weltministers entlassen.

Auch Friedrich Merz verlor einst seinen Posten im
Zusammenhang mit Angela Merkel. Nach der Niederlage Edmund Stoibers bei der Bundestagswahl 2002
entschied sich die Parteivorsitzende Angela Merkel,
nun auch den Fraktionsvorsitz zu übernehmen – wohl
auch, um ihre Ausgangslage für eine mögliche Kanzlerkandidatur im Jahr 2006 [zu der Zeit war nicht abzusehen, daß die Bundestagswahl auf das Jahr 2005 vorgezogen würde] zu verbessern. Schon damals sei Friedrich Merz »seiner Partei- und Fraktionschefin in herz-
licher Abneigung verbunden«[134] gewesen. Unterstützung erfuhr Merz während seiner Kandidatur um den
Parteivorsitz 2020/21 von Wolfgang Schäuble, den
Merkel seinerzeit als Parteichef ablöste, nachdem
jener wegen seiner Rolle in der CDU-Spendenaffaire
zurücktreten mußte. Das Bild der »Rache der alten
Männer« an Merkel war nicht aus der Luft gegriffen.

Bis es jedoch zur Wahl des Vorsitzenden kam, sollte es
noch eine erhebliche Zeit dauern. Annegret Kramp-

---

[134] vgl. Kister, Kurt: *Unbequeme Wahrheiten zur Unzeit*. Süddeutsche
Zeitung, 16.12.2002, S. 4.

Karrenbauer sollte die Partei noch fast ein Jahr lang führen, denn nachdem sich die Kandidaten für den Parteivorsitz der CDU positioniert hatten, brach in Deutschland das Corona-Virus aus. Der Sonderparteitag, den die CDU eigentlich für den 25. April 2020 vorgesehen hatte, mußte wegen der ersten Corona-Welle im März/April abgesagt werden. Die Vorsitzende der CDU und der Parteivorstand sahen darüber hinaus keinen Sinn darin, einen Sonderparteitag nach der parlamentarischen Sommerpause auszurichten, weil dann zwei Parteitage dicht aufeinanderfolgen würden, was nach einer Selbstbeschäftigung der CDU aussehen würde.[135]

Mit dem Ausbruch der Corona-Krise vereinbarte die Vorsitzende Kramp-Karrenbauer mit den drei Kandidaten Laschet, Röttgen und Merz, daß der Wettbewerb um den CDU-Vorsitz auszusetzen sei.[136] Die lange Zeit, die die Kandidaten auf die Entscheidung warten mußten, führte jedoch naturgemäß zu einer ständigen Wahlkampfsituation und Diskussionen darüber, ob die Möglichkeit bestünde, die Entscheidung über den Vorsitz vorzeitig herbeizuführen, zumindest jedoch noch im Jahr 2020. So waren sich die drei Kandidaten einig darüber, daß der Parteitag im Dezember 2020 nicht verschoben werden solle, auf dem dann 1001 Delegierte über den Parteivorsitz zu entscheiden hätten. Statt dessen könnte er verkürzt stattfinden.[137]

Diese Debatte fand jedoch im August mit vergleichbar niedrigen Zahlen bei den Neuinfektionen statt. Zwar wurde durchaus schon von Experten die Befürchtung

---

[135] vgl. Rossmann, Robert: *Die CDU lässt sich Zeit.* Süddeutsche Zeitung, 15.04.2020, S. 5.
[136] vgl. *CDU-Chefin rüffelt zwei Bewerber.* Süddeutsche Zeitung, 16.03.2020, S. 5.
[137] Herrmann, Boris: *Parteitag gewünscht.* Süddeutsche Zeitung, 31.08.2020, S. 5.

geäußert, daß im Herbst eine zweite Corona-Welle über das Land rollen könnte, jedoch war zu dem Zeitpunkt noch nicht abzusehen, daß es so schlimm kommen würde wie es dann schließlich kam.

Währenddessen wies Wolfgang Schäuble darauf hin, daß alle zwei Jahre eine neue Führung zu wählen sei und die Satzung einen digitalen Parteitag nicht zulasse – ein Problem, das auch noch weitere Parteien in der Pandemie haben sollten.[138] Dies konnte jedoch nichts daran ändern, daß angesichts der ab Oktober/November dramatischen Fallzahlen der Führung der CDU keine andere Wahl blieb, als den Parteitag im Dezember 2020 zunächst einmal abzusagen.

Die Corona-Pandemie und die CDU

Die Corona-Pandemie änderte auch die Wahrnehmung der Kandidaten für den CDU-Vorsitz. Mitte März infizierte sich Friedrich Merz mit dem Virus und mußte in Quarantäne. Jens Spahn, der die Kandidatur von Armin Laschet mittrug, rückte als Gesundheitsminister nun in den Fokus der Öffentlichkeit, ebenso sein Kandidatenpartner Laschet, der als Ministerpräsident Nordrhein-Westfalens für das Krisenmanagement des Landes zuständig war – Gesundheit ist im Wesentlichen Ländersache.

Zusammen mit Merz rückte auch Norbert Röttgen nun stärker in den Hintergrund, weil er als Vorsitzender des Auswärtigen Ausschusses mit der Pandemie eher am Rande zu tun hatte und im Gegensatz zu Spahn und Laschet zum Thema der Corona-Pandemie nicht ständig in den Medien war.

Insgesamt konzentrierte sich jedoch nunmehr die Politik auf die Bekämpfung der Corona-Pandemie, so

---

[138] vgl. ebd.

daß der Wettstreit der Kandidaten um den CDU-Vorsitz in den Hintergrund rückte.

Anfang April 2020 erreichten die Zahlen der täglichen Neuinfektionen einen vorläufigen Höchstwert von über 6 000 Neuinfektionen pro Tag.[139] Im Verlauf des Aprils gingen die Zahlen zurück und lagen Ende April bei knapp über 1 000 Neuinfektionen pro Tag. Ab Mitte Mai 2020 blieb die Zahl der täglichen Neuinfektionen unter 1 000. Während sich im April 2020 durchschnittlich 3 240 Menschen täglich mit dem Corona-Virus infizierte, sank diese Zahl im Mai auf 721 durchschnittliche Neuinfektionen am Tag und ging im Juni 2020 auf durchschnittlich 426 Neuinfektionen am Tag zurück.

Reisebeschränkungen, die in der ersten Welle verhängt wurden, hob die Bundesregierung nach und nach wieder auf. Mit dem Ende der Ferien stiegen die Zahlen der Neuinfektionen wieder, was teilweise auf die Reiserückkehrer zurückgeführt wurde. Im August 2020 wurde die Zahl der Neuinfektionen wieder vierstellig und betrugen durchschnittlich 1 087 Neuinfektionen am Tag. Diese Zahl stieg nunmehr weiter an, nämlich im September auf 1 561 und im Oktober auf 7 404. Die zweite Welle der Corona-Pandemie hatte begonnen. Im November infizierten sich durchschnittlich 17 837 Menschen pro Tag und im Dezember wuchs die Zahl auf 21 480. Mehrmals infizierten sich im Dezember über 30 000 Menschen am Tag neu mit Corona.

---

[139] Diese und alle folgenden Infektionszahlen: Situationsberichte des Robert Koch Instituts (RKI): https://www.rki.de/DE/Content/InfAZ/N/Neuartiges_Coronavirus/Situationsberichte/Gesamt.html (zuletzt aufgerufen: 11.12.2022) oder eigene Berechnungen auf der Grundlage der Zahlen aus den Situationsberichten des RKI.

Corona-Virus: Infektionsentwicklung März 2020 bis September 2021.

Monat	Ø pro Tag	Höchster Wert	Niedrigster Wert
März 2020	1 995	6 294	28
April 2020	3 240	6 174	1 018
Mai 2020	721	1 639	286
Juni 2020	426	770	192
Juli 2020	466	902	159
Aug. 2020	1 087	2 034	240
Sept. 2020	1 561	2 507	814
Okt. 2020	7 404	19 059	1 382
Nov. 2020	17 837	23 648	10 824
Dec. 2020	21 480	33 777	10 976
Jan. 2021	16 020	31 849	6 412
Feb. 2021	8 070	14 211	3 379
März 2021	11 824	22 657	3 943
April 2021	19 091	29 518	6 885
Mai 2021	9 662	21 953	1 911
Juni 2021	1 567	4 917	219
Juli 2021	1 323	3 142	212
Aug. 2021	5 603	12 626	847
Sept. 2021	9 488	15 431	3 022

Monat, durchschnittliche Zahl der Neuinfektionen pro Tag, bezogen auf den jeweiligen Monat, höchster Wert, niedrigster Wert der Neuinfektionen an einem Tag im jeweiligen Monat.

Hatte die Politik noch im November der Bevölkerung in Aussicht gestellt, gemeinsam Weihnachten feiern zu können, wenn sich im November jeder an die strengen Corona-Maßnahmen halten würde, wurde der Dezember zum schlimmsten Corona-Monat seit Ausbruch der Pandemie.

Angesichts dieser Entwicklung mußte auch der Parteitag der CDU im Dezember abgesagt werden. Es drohte eine weitere Unsicherheit hinsichtlich des künftigen Vorsitzenden. Hinzu kam, daß die Bundestagswahl im September 2021 bevorstand und die CDU im Dezember 2020 weder Klarheit über die Nachfolge Kramp-Karrenbauers im Parteivorsitz hatte und noch weniger über einen potentiellen Kanzlerkandidaten verfügte, an dessen Position sich Programmatik und Wahlkampfstrategie ausrichten sollte.

Zugleich rückte eine weitere, durch die CDU zu besetzende Personalie am Rande der Corona-Krise ins Interesse – die Kanzlerkandidatur. Zwar war grundsätzlich davon auszugehen, daß der Vorsitzende der größeren der beiden Unionsparteien, also der CDU-Vorsitzende, den ersten Zugriff auf das Kanzleramt haben würde. Zugleich machte jedoch auch die CSU klar, daß sie in dieser Frage ein gewichtiges Wörtchen mitzureden habe. Ministerpräsident Markus Söder wurde in den Reihen der CSU durchaus als künftiger Kanzlerkandidat der Unionsparteien gehandelt. Söder selbst bestritt zunächst die entsprechenden Ambitionen. Während der Corona-Krise ruhten also nun verschärfte Blicke sowohl auf den CDU-Kandidaten für den Parteivorsitz und nordrhein-westfälischen Ministerpräsidenten Armin Laschet, als auch auf den bayerischen Ministerpräsidenten Markus Söder. Söder erklärte, daß sich ein künftiger Kanzlerkandidat während der Corona-Krise beweisen müsse. Wer hier versage, verfüge über keinen moralischen Führungsanspruch.[140]

Und beide Politiker verfolgten durchaus unterschiedliche Ansätze im Umgang mit der Krise. Während Markus Söder eher auf strenge Regeln setze und erklärte, daß ihm die Sicherheit und Gesundheit der Bevölkerung oberste Prämisse sei,[141] legte Armin Laschet zu Ostern ein von ihm in Auftrag gegebenes Papier eines Expertenrates vor, der Wege finden sollte, wie in einem »tastenden Verfahren« Wege aus dem Lockdown gefunden werden konnten.[142]

Während zu Beginn der Pandemie Bayern bei den Zahlen der Neuinfektionen vorne lag, überholte Nordrhein-Westfalen die Bayern im Verlaufe des September, ohne daß sich dabei irgendwelche Kompetenzfragen für die Kanzlerkandidatur des einen oder anderen Ministerpräsidenten ablesen ließ, denn die Corona-Pandemie verschlimmerte sich im gesamten Bundesgebiet. Sie wurde so ernst, daß, wie oben bereits erwähnt, sich die CDU-Parteiführung gezwungen sah, wegen der hohen Infektionszahlen den Parteitag abermals zu verschieben.

Die weitere Entwicklung der Pandemie, die später noch im Wahlkampf eine Rolle spielen sollte, zeigte, daß die Werte der einzelnen Monate 2021 jeweils höher lagen als im Vorjahresmonat. Die Hoffnung der Politik, die auch vom Gesundheitsminister Jens Spahn genährt worden war, das Land bis zum September 2021 – also zur Bundestagswahl – aus der Pandemie herausgeimpft zu haben, erfüllte sich nicht.

---

[140] vgl. *Virus und Kanzlerkandidatur.* Süddeutsche Zeitung, 06.07.2020, S. 6.
[141] vgl. Schnell, Lisa: *Der Verwandelte.* Süddeutsche Zeitung, 16.04.2020, S. 2.
[142] vgl. Wernicke, Christian: *Der Exit-Eiferer.* Süddeutsche Zeitung, 16.04.2020, S. 2.

Der Parteitag

Die Diskussion um den Zeitpunkt des Parteitages begann bereits im August 2020, als die Zahl der Neuinfektionen bereits wieder zu steigen begonnen hatte. Kramp-Karrenbauer und der CDU-Vorstand erwogen die Möglichkeit, den Parteitag zu verkürzen und gegebenenfalls nur den neuen Vorstand wählen zu lassen.[143] Zugleich waren sich die Kandidaten darüber einig, daß der Parteitag noch im Jahr 2020 stattfinden solle.[144] Das Dilemma, vor dem nicht nur die CDU sondern auch weitere Parteien standen, war, daß das Parteiengesetz verbindliche Beschlüsse auf reinen online-Parteitagen, also Parteitagen in Form von Video-Konferenzen, nicht zuließ.[145]

Ende Oktober, als die Zahl der Neuinfektionen fünfstellig wurde, beschloß das CDU-Präsidium auf Vorschlag der amtierenden Vorsitzenden Kramp-Karrenbauer angesichts der Infektionslage auf einen Präsenzparteitag mit 1001 Delegierten zu verzichten. Alternativ wurde ein digitaler Parteitag mit anschließender Briefwahl in Erwägung gezogen.[146]

Während Armin Laschet und Norbert Röttgen die Entscheidung begrüßten, bezeichnete Friedrich Merz die Verschiebung des Parteitages als Versuch des Partei-Establishments, seine Wahl zum Parteivorsitzenden zu verhindern. Es sei »der letzte Teil der Aktion ‚Merz verhindern' in der CDU«.[147] Zu der Zeit lag die Zahl der Neuinfektionen bei über 10 000 am Tag und die Kanzle-

---

[143] vgl. *Kürzer oder gar nicht.* Süddeutsche Zeitung, 24.08.2020, S. 5
[144] Herrmann, Boris: *Parteitag gewünscht.* Süddeutsche Zeitung, 31.08.2020, S. 5.
[145] vgl. ebd.
[146] vgl. Fried, Nico: *Corona bringt CDU in Führungsnot.* Süddeutsche Zeitung, 27.10.2020, S. 1.
[147] ebd.

rin hatte kurz zuvor mit den Ministerpräsidenten entschieden, daß »es in Regionen, in denen es binnen einer Woche mehr als 50 Neuinfektionen je 100 000 Einwohner gibt, nur noch Veranstaltungen mit maximal 100 Teilnehmern geben soll«.[148] Schon deshalb wäre der Parteitag mit 1001 Delegierten in Stuttgart nicht durchzuführen gewesen.

Jedoch ließ Merz nicht locker. Niemand verstehe, so Merz, daß der Parteitag vom 4. Dezember 2020 auf den 16. Januar verschoben werde, was tatsächlich zunächst auch nicht der Fall war, denn der Vorstand hatte lediglich beschlossen, daß der Parteitag ausfiele und auf einer Vorstandstagung über das weitere Verfahren entschieden werden solle.[149] Auch weitere Kritikpunkte des Kandidaten Merz' beruhten auf Irrtümern seinerseits.[150] Ob ihm die Vorstellung im Hinblick auf die Entscheidung genutzt hatte, würde der Wahltag zeigen.

Dessenungeachtet stimmte der Parteinachwuchs der Union in einer digitalen Befragung mit deutlicher Mehrheit für Merz, der auf 51.95 Prozent kam. Laschet hingegen landete mit 19.95 Prozent nur auf Platz drei hinter Norbert Röttgen, für den 28.10 Prozent der teilnehmenden Mitglieder der Jungen Union stimmten.[151]

Schließlich folgte eine Einigung auf einen Parteitag Mitte Januar, auf dem der neue Vorsitzende gewählt werden sollte. Diese Wahl sollte zunächst online stattfinden und anschließend rechtssicher durch eine Briefwahl bestätigt werden.

---

[148] Braun, Stefan und Robert Rossmann: *Lost in Corona*. Süddeutsche Zeitung, 27.10.2020, S. 2.
[149] vgl. Fried, Nico und Robert Rossmann: *Umsonst geärgert*. Süddeutsche Zeitung, 28.10.2020, S. 6.
[150] vgl. ebd.
[151] vgl. Rossmann, Robert: *Rückschlag für Laschet im Rennen um Parteivorsitz*. Süddeutsche Zeitung, 04.11.2020, S. 6.

Die Entwicklung der Corona-Pandemie im Dezember sollte dann zeigen, daß es tatsächlich zur Verschiebung des Parteitages keine ernstzunehmende Alternative gab. Der Dezember 2020 wurde zum bis dahin schlimmsten Corona-Monat der gesamten Pandemie in Deutschland. In keinem Monat zuvor erreichten die täglichen Zahlen der Neuinfektionen solche Höhen wie im Dezember 2020 und dies insbesondere um Weihnachten und Neujahr herum.

Die Entscheidung

Am 16. Januar 2021 fand der digitale Parteitag der CDU statt. Technik und Ablauf waren für alle Beteiligten Neuland, zumal auch in der Satzung solche Abläufe nicht vorgesehen waren. Aus juristischen Gründen konnte die Abstimmung auf dem Parteitag nur vorläufig sein und sollte anschließend durch eine rechtssichere Briefwahl bestätigt werden. Alle Kandidaten hatten sich im Vorfeld des Parteitages bereit erklärt zu akzeptieren, daß bei der Briefwahl nur noch der Kandidat auf dem Wahlzettel steht, der die virtuelle Abstimmung gewonnen hat.[152] Es hätte wohl auch nicht nur Irritationen aufgeworfen, wenn in der virtuellen Stichwahl der eine Kandidat gewonnen hätte, während in der Briefwahl der bei der virtuellen Wahl unterlegene Kandidat gewönne, was insbesondere bei einem knappen Ergebnis nicht ganz unwahrscheinlich gewesen wäre.

Im Vorfeld der Wahl kam es auf dem Parteitag noch zu einem Zwischenfall, der insbesondere den Anhängern Friedrich Merz' sauer aufstieß. Nach den Reden der Bewerber meldete sich Jens Spahn, der, wie oben schon erwähnt, mit Laschet ein Team bildete, während der an

---

[152] vgl. Fried, Nico: *Nach der Wahl ist vor der Wahl.* Süddeutsche Zeitung, 18.01.2021, S. 1.

die Kandidatenvorstellung anschließenden Fragerunde zu Wort und machte Werbung für Laschet. Das war zwar zulässig, wurde aber von den Anhängern Merz' als Foul empfunden.[153]

Im anschließenden ersten Wahlgang hatte dann auch Friedrich Merz die Nase knapp vorne: Armin Laschet kam auf 380 Stimmen, Friedrich Merz auf 385 Stimmen und Norbert Röttgen auf 224 Stimmen. In der daraufhin notwendigen Stichwahl fielen die meisten Stimmen, die vorher an Norbert Röttgen gingen, Armin Laschet zu. Laschet gewann mit 521 Stimmen gegen 466 Stimmen, die Friedrich Merz erhielt. Es stimmten jeweils 1001 Delegierte ab.[154]

Stimmen und Anteile bei der Vorsitzenden-Wahl der CDU 2021

	Laschet	Merz	Röttgen
1. Wahlgang	380	385	224
Anteil	38.0%	38.5%	22.4%
2. Wahlgang	521	466	-
Anteil	52.0%	46.6%	-

---

[153] vgl. ebd.
[154] Alle Ergebnisse im Text und der Tabelle: https://www.cdu-parteitag.de/wahlergebnisse (zuletzt aufgerufen: 25.07.2021).

Zum Vergleich:

Stimmen und Anteile bei der Vorsitzenden-Wahl der CDU 2018[155]

	Kramp-Karrenbauer	Merz	Spahn
1. Wahlgang	450	392	157
Anteil	45.0	39.2	15.7
2. Wahlgang	517	482	-
Anteil	51.8%	48.2%	-

An dem Parteitag 2018 nahmen 1001 Delegierte teil.

Die Ergebnisse zeigen, daß Merz' Anhängerschaft in den knapp über zwei Jahren zwischen Dezember 2018 und Januar 2021 nur leicht zurückgegangen ist. Armin Laschet wurde 2021 mit ungefähr dem gleichen Ergebnis zum Vorsitzenden gewählt wie Annegret Kramp-Karrenbauer im Jahr 2018. Die Spaltung der CDU in diese beiden Lager hatte somit in der Ära Kramp-Karrenbauer nicht abgenommen sondern sich in etwa stabilisiert.

Nach der Vorsitzenden-Wahl bot Armin Laschet seinem unterlegenen Kontrahenten an, in das Präsidium der CDU einzuziehen. Merz lehnte ab und forderte statt dessen, daß er als Wirtschaftsminister ins Kabinett Merkel einzöge. Diese Forderung an den Parteivorsitzenden war schon deshalb befremdlich, weil dieser über den Posten des Wirtschaftsministers gar nicht disponieren konnte. Angela Merkel ließ darauf-

---

[155] Quelle der Zahlen: https://www.zeit.de/politik/deutschland/2018-12/cdu-friedrich-merz-und-annegret-kramp-karrenbauer-muessen-in-stichwahl (zuletzt aufgerufen: 11.12.2022) und Schneider, Jens: Die Neue. Süddeutsche Zeitung, 8./9.12.2018, S. 1.

hin durch ihren Regierungssprecher mitteilen, daß sie keine Kabinettsumbildung plane. Merz' Forderung war somit abgelehnt.[156] Deutlicher konnte sie nicht zeigen, daß in der Bundesregierung niemand auf Friedrich Merz mit seinen tatsächlichen oder vermeintlichen Kompetenzen in der Wirtschaftspolitik wartet. Ohnehin hätte sie keinen Anlaß gehabt, Peter Altmaier, der als ihr Vertrauter gilt, durch Merz und somit einem ihrer schärfsten Kritiker zu ersetzen.

Ohnehin war fraglich, was sich Friedrich Merz von einer Ernennung zum Wirtschaftsminister auf den letzten Metern der Wahlperiode noch versprach. Die wesentlichen Projekte der Regierung waren bereits umgesetzt oder auf den Weg gebracht. Im Sommer würde die parlamentarische Sommerpause einsetzen, der unmittelbar Wahlkampf und Bundestagswahl folgten. Gesetzesvorhaben für die nächste Wahlperiode konnten auch nicht auf den Weg gebracht werden, denn am Ende einer Wahlperiode verfallen auch alle Gesetze, die bis dahin nicht verabschiedet sind. In einer neuen Wahlperiode fängt der Bundestag jeweils bei null an. Alle Gesetze, die in der alten Wahlperiode nicht mehr verabschiedet wurden, müssen neu eingebracht werden. Dies gilt auch für Ausschüsse wie auch Untersuchungsausschüsse (Prinzip der Diskontinuität).

Angesichts dessen liegt die Vermutung nahe, daß es Merz mit seiner Forderung, Wirtschaftsminister zu werden, vor allem darum ging, sich eine größere Bühne zu verschaffen und seine Meinungsäußerungen mit dem Amt des Wirtschaftsministers zu veredeln, denn zu der Zeit war er nicht einmal Bundestagsabgeordneter. Politische Weichen hätte er auch als Minister in der kurzen Zeit, die bis zur Bundestagswahl noch

---

[156] vgl. Fried, Nico: *Nach der Wahl ist vor der Wahl.* Süddeutsche Zeitung, 18.01.2021, S. 1.

verblieb, nicht mehr stellen können.

Die Reaktionen auf die Wahl Laschets fielen unterschiedlich aus. Während die Grünen lieber Norbert Röttgen, der sich dem Klimaschutz verschrieben hatte, als Vorsitzenden der CDU gesehen hätten,[157] hätte die SPD Friedrich Merz vorgezogen, weil sich die Sozialdemokraten in einem Bundestagswahlkampf gegen Friedrich Merz deutlich hätten profilieren und stärker an jene Wähler/innen appellieren können, die eine Fortsetzung der Politik Merkels wünschten.[158] Eine solche Strategie dürfte mit einem Kanzlerkandidaten Laschet nicht so ohne weiteres funktionieren, denn Laschet steht für die Fortsetzung der Programmatik Merkels und könnte auch im Wahlkampf hieran anschließen.[159]

In der den Parteitag rechtlich absichernden Briefwahl, bei der, wie oben bereits ausgeführt, nur die auf dem Parteitag gewählten Kandidat/innen zur Wahl standen, kam Laschet auf 796 Stimmen (83.35%). Zu Stellvertretenden Vorsitzenden wurden Volker Bouffier (834 Stimmen/88.35%), Silvia Breher (806 Stimmen/85.38%), Julia Klöckner (818 Stimmen/86.65%), Jens Spahn (624 Stimmen/66.10%) und Thomas Strobl (723 Stimmen/76.59%) gewählt.[160] Das vergleichsweise schlechte Abschneiden Spahns könnte ein Echo seines von den Merz-Anhängern als unfair wahrgenommenen Beitrags zugunsten Laschets während der Fragerunde gewesen sein.

---

[157] vgl. von Bullion, Constanze: *Ein bißchen piepegal*. Süddeutsche Zeitung, 18.01.2021, S. 2.
[158] vgl. Szymanski, Mike: *Doch kein Feindbild*. Süddeutsche Zeitung, 18.01.2021, S. 2.
[159] vgl. ebd.
[160] vgl. https://www.senioren-union-nrw.de/image/inhalte/file/ergebnisse_der_briefwahlen_1.pdf (zuletzt aufgerufen: 11.12.2022).

Die nächsten Herausforderungen, die der neue Vorsitzende Armin Laschet zu bestehen hatte, waren die Landtagswahlen in Baden-Württemberg und Rheinland-Pfalz sowie der Kampf um die Kanzlerkandidatur. Der bayerische Ministerpräsident Markus Söder hatte durchaus Ambitionen, der nächste Kanzlerkandidat zu werden, wenngleich er diese nicht öffentlich bekundete. Dies sollte sich im April 2021 ändern.

Zuvor waren jedoch die Landtagswahlen zu bestehen, die von der kurz zuvor öffentlich gewordenen Masken-Affaire überschattet wurden. Im Rahmen dieser Affaire hatten Abgeordnete von CDU und CSU bei der Vermittlung von Corona-Schutzmasken hohe Provisionen kassiert. Die Affaire belastete die potentiellen Kanzlerkandidaten Laschet und Söder somit gleichermaßen. Sie brachte überdies Bewegung in die Debatte um Transparenzregeln für Parlamentarier und brachte die CDU dazu, ihren Widerstand gegen ein Lobbyregister aufzugeben. Hierzu hatte nicht nur die Masken-Affaire beigetragen, sondern auch die Affaire um den CDU-Abgeordneten Philipp Amthor, der wegen seiner Lobbyarbeit für das IT-Unternehmen Augustus Intelligence in die Kritik geraten war.[161]

Bei den Landtagswahlen in Baden-Württemberg und Rheinland-Pfalz erhielt die CDU unter anderem die Quittung für die Masken-Affaire. Sowohl in Baden-Württemberg wie auch in Rheinland-Pfalz verlor die CDU an Stimmen. Gleichwohl entschied sich Winfried Kretschmann von den Grünen, weiterhin gemeinsam mit der CDU zu regieren, während in Rheinland-Pfalz die Ministerpräsidentin Malu Dreyer von der SPD die Koalition mit Grünen und FDP fortsetzen konnte. Auch dies war keine Hilfe für Armin Laschet in seinem

---

[161] vgl. Rossmann, Robert: *Transparenz per Gesetz*. Süddeutsche Zeitung, 25.03.2021, S. 6.

Kampf um die Kanzlerkandidatur.

Die Kanzlerkandidatur der Union

Nachdem sich die Entscheidung über den Parteivorsitzenden der Union pandemiebedingt immer wieder herausgezögert hatte, wollte die Union nunmehr ihren Kanzlerkandidaten im Frühjahr benennen. Auch die Grünen hatten für das Frühjahr die Benennung ihres/ihrer Kanzlerkandidat/in angekündigt, so daß hinsichtlich des Termins ein unerklärter Wettbewerb entstand.

Im unmittelbaren Vorfeld der Entscheidung über die Kanzlerkandidatur gab es im NRW-Trend für das WDR-Politikmagazin Westpol am 11. April 2021 schlechte Nachrichten für Armin Laschet: Mit seiner Arbeit waren nur 26 Prozent zufrieden (-34 Prozentpunkte gegenüber Januar 2021) und unzufrieden waren 69 Prozent (+31 Prozentpunkte).[162] Von allen Befragten hielten 24 Prozent den CDU-Parteichef Laschet für einen guten Kanzlerkandidaten für Union, für Söder votierten hingegen 49 Prozent. Unter den Anhängern der CDU waren 43 Prozent für Laschet und 68 Prozent für Söder.

Am selben Tag erklärten Armin Laschet und Markus Söder, daß sie jeweils die Union als Kanzlerkandidat in den Bundestagswahlkampf führen und die Frage, wer von beiden Kandidat wird, zeitnahe entscheiden wollen.[163] Beide Kandidaten betonten, daß sie die Entscheidung einvernehmlich treffen wollten und Söder fügte hinzu, daß er nur dann als Kanzlerkandidat bereit-

---

[162] alle Zahlen zum NRW-Trend: https://www1.wdr.de/nachrichten/landespolitik/nrw-trend-april-144.html (zuletzt aufgerufen: 11.12.2022).

[163] vgl. Braun, Stefan, Boris Herrmann und Robert Rossmann: *Laschet und Söder im offenen Duell.* Süddeutsche Zeitung, 12.04.2021, S. 1.

stünde, wenn die CDU ihn rufe.[164]

Am Montag erhielt Armin Laschet die Unterstützung des CDU-Präsidiums und Markus Söder die des CSU-Präsidiums. Während die CDU die Frage der Kanzlerkandidatur als geklärt betrachtete, zumal Söder ja betont hatte, daß er nur zur Verfügung stünde, wenn er von der CDU gerufen würde, reichte das Gremiumsvotum aus Sicht der CSU nicht aus. Notwendig sei die Erkundung der Stimmung in der Breite der Union.[165] Söder betonte überdies, daß Umfragewerte zwar nicht alles, jedoch ein wichtiger Gradmesser seien.[166] Auch die Fraktion solle noch bei der Frage der Kanzlerkandidatur mitreden, von der sich Markus Söder offenbar mehr Unterstützung erhoffte als vom CDU-Parteivorstand.[167]

Nun rächte es sich, daß Laschet und Söder, beziehungsweise CDU und CSU sich im Vorfeld nicht auf ein Verfahren geeinigt hatten, mit dem der Kanzlerkandidat bestimmt werden solle, sondern daß auf eine Einigung der beiden Kontrahenten gesetzt wurde. Dies führte dazu, daß es nicht zu einer schnellen Entscheidung kam, sondern sich das Verfahren in die Länge zog, so lange nicht einer der beiden Kontrahenten einlenkte oder auf eine andere Weise Fakten geschaffen wurden, die eine Entscheidung herbeiführten.

In der Bundestagsfraktion meldeten sich dann tags drauf mehr Abgeordnete zugunsten Söders zu Wort als zugunsten Laschets. Zu einer Abstimmung über die Kanzlerkandidatur kam es in der Fraktion nicht.[168]

---

[164] vgl. ebd.

[165] vgl. Braun, Stefan: *K-Frage spaltet die Union.* Süddeutsche Zeitung, 13.04.2021, S. 1.

[166] vgl. ebd.

[167] vgl. ebd.

[168] vgl. Deininger, Roman, Robert Rossmann und Jens Schneider:

Auch Reiner Haseloff, der Ministerpräsident in Sachsen-Anhalt war und dort im Sommer eine Landtagswahl zu bestehen hatte, stellte sich auf Söders Seite. Unterstützung bekam Laschet währenddessen von den Ministerpräsidenten Hessens, Volker Bouffier, und Schleswig-Holsteins, Daniel Günther.[169] Zudem war eine Diskussion darüber entbrannt, ob eine Entscheidung des Präsidiums der CDU eine Beschlußfassung im Hinterzimmer über den Kanzlerkandidaten darstelle. Präsidium und Vorstand der CDU seien keine Splittergruppen, betonte Laschet in der Diskussion mit der Bundestagsfraktion. Unterstützt wurde er von seinem Partner aus der Kandidatur um den Parteivorsitz, Jens Spahn, der darauf verwies, daß er selbst noch zu Jahreswechsel 2020/21 in den Umfragen der beliebteste Politiker war und nunmehr eingebrochen sei, so daß Umfragen alleine als Kriterium für solche Entscheidungen untauglich seien.[170]

Die Entwicklung der Debatte innerhalb der CDU erweckte zunehmend den Eindruck, daß Söders Chancen auf eine Kanzlerkandidatur stiegen, je länger die Diskussion um diese dauerte. Zugleich wurde Laschet mit jeder Stimme aus der CDU für Söder politisch mehr und mehr beschädigt. Zweifel an Laschets Überzeugungskraft als Kandidat kamen auf. Dies zeigten auch die Meinungsumfragen in der Bevölkerung, denn Markus Söder führte weiterhin: 63 Prozent erklärten in einer Umfrage der Forschungsgruppe Wahlen für das ZDF-Politbarometer, daß Markus Söder sich als Kanzler eignete, während dies nur 29 Prozent von Armin Laschet behaupteten. Zugleich waren 67 Prozent der

Unterstützung für Söder wächst. Süddeutsche Zeitung, 14.04.2021, S. 1.
[169] vgl. Braun, Stefan und Robert Rossmann: *Rückhalt für Laschet schwindet.* Süddeutsche Zeitung, 16.045.2021, S. 1.
[170] vgl. Deininger, Roman, Robert Rossmann und Jens Schneider: *Unterstützung für Söder wächst.* Süddeutsche Zeitung, 14.04.2021, S. 1.

Befragten der Meinung, daß Söder ein für die Union besseres Ergebnis einfahren würde – Laschet trauten dies nur 20 Prozent zu. Hierbei meinten sogar 74 Prozent der Unionsanhänger, daß es mit einem Kanzlerkandidaten Söder ein besseres Ergebnis geben würde, während nur 21 Prozent der Unionsanhänger dies bei Laschet vermuteten.[171]

Der Konflikt zwischen den Schwesterparteien schien nicht beizulegen zu sein, und im Laufe der Woche hatten sich auch Saarlands Ministerpräsident Tobias Hans und die Junge Union für Söder als Kandidaten ausgesprochen. In der Union ging die Angst vor einer Spaltung um, so daß auch der Fraktionschef der CDU/CSU-Bundestagsfraktion, Ralf Brinkhaus, als Kompromißkandidat ins Spiel gebracht wurde.[172] Dies allerdings hätte bedeutet, Laschet auch als Parteichef politisch schwer zu beschädigen. Währenddessen gaben die Grünen am Montag, dem 19. April 2021, Annalena Baerbock als Kanzlerkandidatin bekannt, so daß das Ziel, mit der Ausrufung des Kanzlerkandidaten schneller als die Grünen zu sein, verfehlt wurde und die Union als letzte Partei mit Chancen auf das Kanzleramt ihren Kandidaten ausrief.

In der Nacht zum darauffolgenden Dienstag tagte der CDU-Vorstand länger als sechs Stunden und führte eine Entscheidung über die Kanzlerkandidatur herbei: Für Laschet als Kanzlerkandidat stimmten 31 Vorstandsmitglieder, für Söder neun bei sechs Enthaltungen.[173] Innerhalb der Partei und Bundestagsfraktion traf die Entscheidung für Laschet zum Teil auf Bedau-

---

[171] vgl. Volkert, Lilith: *Söder deutlich vor Laschet*. Süddeutsche Zeitung, 17.04.2021, S. 6.
[172] vgl. Szymanski, Mike: *Angst in der Union vor Spaltung wächst*. Süddeutsche Zeitung, 19.04.2021, S. 1.
[173] vgl. Fried, Nico: *Laschet geht angeschlagen ins Rennen*. Süddeutsche Zeitung, 21.04.2021, S. 1.

ern. Es sei eine Entscheidung gegen die CDU-Basis gewesen, erklärte Thüringens CDU-Landeschef Hirte.[174]

Zumindest aber war das Votum des Vorstandes für Laschet so eindeutig, daß es ihn nicht so weiter beschädigte als dies durch das chaotische Verfahren bereits geschehen war. Markus Söder akzeptierte das Votum und wiederholte, daß er dies ohne Groll tue und Laschet nunmehr unterstützen werde. Unterdessen sprach sich Unionsfraktionschef Brinkhaus dafür aus, für Entscheidungen wie jene über die Kanzlerkandidatur künftig klare Verfahren festzulegen.[175]

Nachdem nun die Frage der Kanzlerkandidatur geklärt war, machten sich CDU/CSU an die Arbeit, das Wahlprogramm der Union zu schreiben. Die Einigung auf ein gemeinsames Wahlprogramm erfolgte reibungsloser als die Einigung auf einen Kanzlerkandidaten. Einzig die CSU konnte sich mit ihrer Forderung nach einer Ausweitung der Mütterrente nicht durchsetzen. Söder kündigte an, sich für diesen Punkt nach der Bundestagswahl gegebenenfalls in Koalitionsverhandlungen einsetzen zu wollen.

Gleichwohl belastete das Verfahren die Kandidatur von Armin Laschet. Für ihn wäre es vorteilhafter gewesen, wenn er gleich nach den Entscheidungen der Präsidien klargestellt hätte, daß das Votum des CDU-Präsidiums den Ausschlag gäbe und er nun Kanzlerkandidat war.

Um die Schwesterpartei nicht zu verärgern und zu vermeiden, daß er in der CSU keine Unterstützung bekäme, ließ er sich jedoch darauf ein, was ihm im Ergebnis mehr geschadet haben dürfte, als wenn er seinen Anspruch direkt am Tag der Entscheidung der Präsidien durchgesetzt hätte. Weil er es zuließ, daß

---

[174] vgl. ebd.
[175] vgl. ebd.

Söder das verabredete Verfahren in Frage stellte, wirkte er schwach und nicht durchsetzungsfähig. Dieses Problem Laschets lief den ganzen Wahlkampf über im Hintergrund mit und dürfte auch dazu beigetragen haben, daß er am Ende als Wahlverlierer durch das Ziel ging.

Hans-Georg Maaßen

Noch während der Auseinandersetzung um die Entscheidung, wer die Union als Kanzlerkandidat in die Bundestagswahl führen sollte, bahnte sich in Thüringen eine Herausforderung für den CDU-Parteichef und Kanzlerkandidaten an. Hans-Georg Maaßen, ehemaliger Verfassungsschutzpräsident und einer der Mitursachen für die Koalitionskrise im Sommer 2018 schickte sich an, sich in Südthüringen als Direktkandidat für die CDU bei der Wahl zum Bundestag aufstellen zu lassen – und wurde schließlich Ende April für den Wahlkreis 196 Suhl/Schmalkalden-Meiningen/Hildburghausen/Sonneberg nominiert, was zu Empörung bei SPD, Grünen und Linke führte.[176]

Die Bundespartei hat auf die Nominierung von Kandidaten in den Wahlkreisen keinen Einfluß. Insofern konnte auch aus der Parteizentrale nicht verhindert werden, daß in Südthüringen nunmehr der ehemalige Verfassungsschutzpräsident Hans-Georg Maaßen aufgestellt wurde, der auch in der Vergangenheit, und dies nicht nur in der Koalitionskrise 2018, schon mit eher rechtslastigen Positionen auffiel. Offensichtlich setzten die Kreisverbände, die Maaßen nominierten, darauf, daß er in der Lage war zu verhindern, daß die AfD den Wahlkreis direkt gewinnen würde.

---

[176] vgl. https://www.mdr.de/nachrichten/thueringen/cdu-wahl-maassen-bundestagskandidat-suedthueringen-100.html (zuletzt aufgerufen: 10.07.2021).

Anfang Juli kritisierte Maaßen den öffentlich-rechtlichen Rundfunk, genauer: die Tagesschau, die seiner Meinung nach einen »klaren Linksdrall« hätte und forderte, daß bei den Redakteuren der Tagesschau die Biographien durchleuchtet und nach Verbindungen zur linken und linksextremen Szene geforscht werden sollte, ohne einen Beleg dafür vorzulegen, daß solche bestehen könnten.[177] Tags darauf und nach heftiger Kritik ruderte Maaßen zurück.

Währenddessen geriet auch CDU-Parteichef und Kanzlerkandidat Armin Laschet in die Kritik, weil er den Äußerungen Maaßens nicht entschlossen entgegentrat sondern statt dessen seine Kritik eher durch die Blume übte.[178]

Eine Erklärung für die Zurückhaltung Laschets könnte darin liegen, daß der Anlaß für den Rücktritt seiner Amtsvorgängerin als Parteichef ebenfalls der Landesverband Thüringen war, der nicht so recht einsehen wollte, daß die Wahl Kemmerichs gemeinsam mit der AfD ein Fehler war. Auf der anderen Seite könnte Laschet im Hinterkopf das gleiche Kalkül beherbergen wie die Thüringer CDU, daß nämlich Maaßen die entscheidenden Stimmen bringen könnte, um Direktkandidaten der AfD zu verhindern.

Und so übte Laschet seine Kritik innerparteilich und auch nur vorsichtig an dem »Direktkandidaten von Südthüringen« und bezeichnete dessen Äußerungen ganz im Stil von Angela Merkel als »nicht hilfreich«

---

[177] vgl. Frank, Joachim: *Laschet grenzt sich nicht klar ab.* Deutschlandfunk.
https://web.archive.org/web/20210710154540/https://www.deutsch
landfunk.de/maassen-und-die-cdu-laschet-grenzt-sich-nicht-klar-
ab.720.de.html?dram:article_id=500081 (zuletzt aufgerufen: 11.12.2022).
[178] vgl. ebd.

sowie schädlich für die CDU.[179] Zugleich gab es auch innerparteiliche Kritik an Maaßen, so vom niedersächsischen CDU-Chef Bernd Althusmann[180] und vom Saarländischen Ministerpräsidenten Tobias Hans, die Maaßen einen Parteiaustritt nahelegten.[181]

Scharfe Kritik an Laschets Leisetreterei in der Causa Maaßen führte auch zu deutlicher Kritik aus den anderen Parteien. Der parlamentarische Geschäftsführer der Linkspartei, Jan Korte, warnte, daß die Sprachlosigkeit Laschets in dieser Frage dazu führen könne, daß »die reaktionären Kräfte in der CDU nicht mehr zu bremsen seien«.[182]

Laschets Zurückhaltung könnte sich auch aus seinem Führungsstil erklären, in dessen Rahmen er sich darum bemüht, alle Strömungen einzubinden und auch anderen in seinem Umfeld, zum Beispiel in der Regierung von Nordrhein-Westfalen, die Möglichkeit einräumt, sich zu profilieren.[183] Hinsichtlich Maaßens jedoch könnte genau diese Strategie bedeuten, daß die CDU zwar die eine oder andere Stimme am rechten Rand gewinnt, zugleich jedoch viele Stimmen von Wähler/innen in der Mitte verliert, die sich mit Maaßens Provokationen und Positionen nicht abfinden wollen. Es trifft zwar zu, daß Laschet keine Möglich hatte, die Kandidatur Maaßens im Vorfeld zu unterbinden oder im nachhinein zu stornieren, jedoch könnte seine öffentliche Distanzierung deutlicher sein. Hieran

---

[179] vgl. Braun, Stefan und Boris Herrmann: *Der Problemfall.* Süddeutsche Zeitung, 06.07.2021, S. 5.
[180] vgl. ebd.
[181] vgl. https://web.archive.org/web/20220703024910/https://www.t agesschau.de/inland/btw21/hans-maassen-laschet-cdu-101.html (zuletzt aufgerufen: 11.12.2022).
[182] Braun, Stefan und Boris Herrmann: *Der Problemfall.* Süddeutsche Zeitung, 06.07.2021, S. 5.
[183] vgl. Herrmann, Boris und Christian Wernicke: *Hoffen auf den großen Sprung.* Süddeutsche Zeitung, 13.04.2021, S. 2.

scheint Laschet jedoch zumindest für den Moment kein besonderes Interesse zu haben. Zwar betonte Laschet die klare Linie gegenüber der AfD, unternahm darüber hinaus jedoch nichts, was auf eine Konfrontation mit dem ehemaligen Verfassungsschutzpräsidenten hinauslaufen konnte.

Neuwahl in Thüringen?

Im Anschluß an die Wahl des FDP-Politikers Thomas Kemmerich mit den Stimmen von FDP, CDU und AfD zum Ministerpräsidenten und dessen Rücktritt einen Tag später erklärte Annegret Kramp-Karrenbauer, wie oben beschrieben, daß sie auf die Kanzlerkandidatur für die CDU verzichte und nicht erneut als Vorsitzende antreten würde.

Nach einigen Verwicklungen in Thüringen wurde schließlich Bodo Ramelow wieder zum Ministerpräsidenten gewählt, der eine rot-rot-grüne Minderheitsregierung anführte, die von der CDU mehr geduldet als toleriert wurde. Ein Stabilitätspakt sollte die Zusammenarbeit zwischen der Minderheitsregierung und der CDU absichern, die im Gegenzug an den Haushaltsberatungen beteiligt wurde. Vorgezogene Neuwahlen waren ebenfalls Teil des Paktes.[184]

Doch rückten vier Unionsabgeordnete von der Vereinbarung zur Auflösung des Parlamentes ab und der gescheiterte Ministerpräsident Thomas Kemmerich ließ ausrichten, daß sich niemand auf die FDP-Fraktion verlassen könne.[185] Damit war das Projekt der Neuwahl gescheitert, zumal insbesondere die Linkspartei und die Grünen die Auflösung des Parlamentes nicht von dem Abstimmungsverhalten der AfD-Fraktion abhän-

---

[184] vgl. Rietzschel, Antonie: *Chaostage in Thüringen.* Süddeutsche Zeitung, 17.07.2021, S. 6.
[185] vgl. ebd.

gig machen wollten.[186]

Mit dieser neuen Lage in Thüringen waren die für den 26. September 2021 gemeinsam mit der Bundestagswahl geplanten Neuwahlen zunächst vom Tisch. Die notwendige Mehrheit für eine Parlamentsauflösung ist für die rot-rot-grüne Minderheitsregierung ohne die Unterstützung der CDU, die diese zunächst zugesagt hatte, nicht zu erreichen.

Daß sich die Bundes-CDU mit ihrem Vorsitzenden und Kanzlerkandidaten Armin Laschet auf dieses verminte Gelände wagen wird, ist fraglich. Zwar hatte die Bundes-CDU seinerzeit unter dem Vorsitz von Annegret Kramp-Karrenbauer Neuwahlen in Thüringen befürwortet, sich damit aber offenbar nicht endgültig im Landesverband durchgesetzt. Nachdem sie bereits in der Auseinandersetzung mit dem Thüringer CDU-Landesverband den Vorsitz aufgeben mußte, dürfte jedenfalls im Vorfeld der Bundestagswahl nicht zu erwarten sein, daß Armin Laschet in diesem Zusammenhang ebenfalls sein Glück versuchen und dabei seine Karriere aufs Spiel setzen würde, zumal Laschet sich in der Frage der Kandidatur Maaßens ebenfalls betont zurückgehalten hatte.

Währenddessen warf der CDU-Fraktionschef und Spitzenkandidat für das Amt des Ministerpräsidenten in Thüringen, Mario Voigt, der Linken vor, daß sie einen Stillstand riskiere, wo ein Neustart notwendig wäre[187] – gerade so, als habe seine Partei nichts zum Stillstand beigetragen. Die spannende Frage der folgenden Wochen bis zur Bundestagswahl dürfte darin liegen, ob es sich die Bundespartei tatsächlich auf Dauer leisten kann, zu den Vorgängen in Thüringen zu schweigen.

---

[186] vgl. ebd.
[187] vgl. ebd.

Bündnis'90/Die Grünen

Die Partei Bündnis'90/Die Grünen (im Folgenden: Die Grünen) wurde Anfang der 1980er Jahre erstmals in den Bundestag gewählt, seinerzeit noch als »Die Grünen«. Nach der deutschen Einheit fusionierte die Partei zunächst mit den Grünen, die sich als Oppositionspartei noch in der DDR gegründet hatten und später mit der ebenfalls noch in der DDR gegründeten Oppositionspartei Bündnis'90. Mit der letzteren Fusion rückten die Grünen noch etwas weiter in die bürgerliche Mitte, denn Bündnis'90 waren keine linke Partei sondern eine eher liberale Bürgerrechtsbewegung.

Die Grünen hatten stets sowohl einen ökologischen wie auch einen pazifistischen Anspruch. Relativ früh bildeten sich innerhalb der Partei zwei Flügel heraus, nämlich die sogenannten »Fundis« (Fundamentalisten) und die »Realos« (Realisten, Pragmatiker). Erstere galten eher als links, letztere eher als bürgerlich.

Die Grünen setzten seit 1991 konsequent auf eine Doppelspitze, in der in der Regel ein Mann und eine Frau vertreten waren (Ausnahme: 1998 – 2000, als Antje Radcke und Gunda Röstel die Partei führten)[188] sowie je ein Vertreter der beiden Flügel. Mit Robert Habeck und Annalena Baerbock wurde dieses Prinzip insoweit zum ersten Mal durchbrochen, als daß es sich bei beiden um Vertreter des bürgerlichen Realo-Flügels handelte.

Im Jahr 1985 wird in Hessen zum ersten Mal eine rot-grüne Regierung unter dem SPD-Ministerpräsidenten Holger Börner mit Joschka Fischer als Grünem-Umweltminister gebildet. Die Union betrachtete die Grünen bis in die 1990er Jahre als eine extremistische Partei und warf der SPD – wie auch später bei Koalitio-

---

[188] vgl. Bündnis 90/Die Grünen: *Zeiten ändern sich. Wir ändern sie mit.* S. 1.

nen mit der PDS/Linkspartei – vor, den demokratischen Konsens gegen den Extremismus verlassen zu haben.

Die rot-grüne Regierung 1998 - 2005

Im Jahr 1998 kam es zur ersten rot-grünen Koalition auf Bundesebene mit Bundeskanzler Gerhard Schröder und Joschka Fischer als Außenminister und Vizekanzler. In die Regierungszeit fielen der Atomausstieg, der erste Militäreinsatz der Bundeswehr und die Agenda 2010. Während die Grünen um den Militäreinsatz erbittert rangen und im Rahmen der Auseinandersetzung Joschka Fischer gar mit einem roten Farbbeutel beworfen wurde, verursachte die neoliberale Agenda 2010 kaum innerparteiliche Debatten. Auf der Homepage der Grünen heißt es heute dazu: »Die Agenda 2010 zum Beispiel brachte neben viel Positivem auch Effekte mit sich, die wir nicht beabsichtigten«[189]

Neben der als »Riester-Rente« bekannten Teilprivatisierung, die von den Grünen mitvorangetrieben wurde, setzten sich die Grünen für einen höheren Benzinpreis und für die Erweiterung der Modernisierungsumlage im Wohnungsbau auf die energetische Sanierung ein, sowie die Förderung alternativer Energien mittels einer Umlage, der EEG-Umlage. Diese verteuerte den Energieverbrauch. Zugleich konnte, wer zum Beispiel eine Solaranlage auf das Hausdach baute, ein Entgelt erhalten, sofern er überschüssigen Storm in das Stromnetz einspeiste. Hierin lag ein gewisser Umverteilungseffekt von Mietern zu Hausbesitzern, die sich die Solaranlage auf dem Dach leisten konnten und hieraus entsprechend von der Umlage profitierten.

Die sogenannte »Öko-Steuer« wurde auf das Benzin

---

[189] vgl. https://www.gruene.de/unsere-gruene-geschichte (zuletzt aufgerufen: 11.12.2022).

erhoben und im Gegenzug die sogenannten »Lohnnebenkosten« gesenkt. Dies bewirkte, daß nur jene durch die Senkung der Sozialversicherungsbeiträge einen begrenzten Ausgleich erhielten, die in einem abhängigen Beschäftigungsverhältnis standen, während alle anderen zwar die »Öko-Steuer« bezahlten, jedoch keinen Ausgleich über die niedrigen Sozialversicherungsbeiträge erhielten.

Im Rahmen der Modernisierungsumlage hatten Mieter die energetische Modernisierung ihrer Wohnungen ohne die Möglichkeit einer Mietminderung wegen der Bauarbeiten zu dulden. Im Anschluß daran konnte der Vermieter jährlich bis zu 11 Prozent der Kosten auf die Mieter umlegen, die auch weiterhin erhoben werden konnte und kann, wenn der Vermieter die Investitionskosten für die energetische Sanierung in vollem Umfang zurückerlangt hatte. Somit entstand neben der Miete und den Mietnebenkosten mit der Modernisierungsumlage eine dritte Kostensäule für die betroffenen Mieter, die an den Mieterschutzregelungen vorbei die gesamten Kosten durchaus um 300, 400 Euro oder mehr erhöhen konnte. Mittlerweile wurde der Prozentsatz auf 8 Prozent gedeckelt und weitere Bedingungen durch den Gesetzgeber formuliert, die der Entlastung der Mieter dienen sollten. Eine Begrenzung der Laufzeit der Modernisierungsumlage ist jedoch weiterhin nicht vorgesehen.

Die Einführung der Modernisierungsumlage hatte einen eigenen Beitrag zur Erhöhung der Mietkosten geleistet, über die bis heute diskutiert wird. Verschiedene Maßnahmen wie eine »Mietpreisbremse« haben sich bislang als weitgehend wirkungslos erwiesen. Der durch die rot-rot-grüne Berliner Senatsregierung eingeführte Mietendeckel wurde durch das Bundesverfassungsgericht wegen mangelnder Zuständigkeit des Berliner Abgeordnetenhauses mit Beschluß vom 25.

März 2021 für verfassungswidrig erklärt.[190]

Mit der fingierten Vertrauensfrage Gerhard Schröders wurde für den Herbst 2005 Neuwahlen herbeigeführt. Gegen die Zulassung der Neuwahlen klagte neben der SPD-Abgeordneten Jelena Hoffmann der Grüne-Abgeordnete Werner Schulz. Beide unterlagen vor dem Bundesverfassungsgericht.

Koalitionen auf Landesebene

Nach dem Ende der rot-grünen Regierung im Jahr 2005 regierten die Grünen auf Bundesebene nicht mehr mit, waren aber gleichwohl an zahlreichen Landesregierungen beteiligt. Im Sommer 2021 gehörten die Grünen elf Landesregierungen in verschiedenen Konstellationen an.[191]

Baden-Württemberg: Grüne, CDU

Berlin: SPD, Grüne, Linke.

Brandenburg: SPD, CDU Grüne

Bremen: SPD, Grüne, Linke.

Hamburg: SPD, Grüne

Hessen: CDU, Grüne

Rheinland-Pfalz: SPD, Grüne, FDP

Sachsen: CDU, GRÜ, SPD

Sachsen-Anhalt: CDU, SPD, GRÜ

Schleswig-Holstein: CDU, GRÜ, FDP

---

[190] vgl. BVerfG, Beschluss des Zweiten Senats vom 25. März 2021 - 2 BvF 1/20 -, Rn. 1-188, http://www.bverfg.de/e/fs20210325a_2bvf000120.html (zuletzt aufgerufen: 11.12.2022).
[191] vgl. https://www.bundesrat.de/DE/bundesrat/verteilung/verteil ung-node.html (zuletzt aufgerufen: 11.12.2022).

Thüringen: Linke, SPD, GRÜ (Minderheitsregierung)

Die Reihenfolge der Parteien folgt der Größe der Fraktion im jeweiligen Landtag. Die verschiedenen Konstellationen, in denen die Parteien in den Bundesländern regieren, zeigen einen Trend, der sich in den letzten 20 Jahren entwickelt hat. Bis zum Herbst 2001, als in Hamburg durch den CDU-Politiker Ole von Beust eine Koalition aus CDU, FDP und der rechtspopulistischen Schill-Partei gebildet wurde, waren Koalitionen aus zwei Parteien die Regel. Auch das Modell von Beusts bildete für viele weitere Jahre eine Ausnahme. Weitere Ausnahmen waren in Schleswig-Holstein eine Koalition aus SPD, Grünen und dem SSW (Südschleswigscher Wählerverband, Partei der dänischen Minderheit, die bei Wahlen von der Sperrklausel befreit ist), sowie eine Koalition aus CDU, FDP und Grüne im Saarland. Die Tendenz, daß Koalitionen aus drei Parteien gebildet werden, entwickelte sich nach dem Jahr 2016 mit dem Erstarken der AfD, die nach und nach in alle Landtage einzog, und deren teilweise hohen Ergebnisse die Regierungsbildung jenseits der Beteiligung der AfD erschwerte.

Im März 2011 kam es nach einem Tsunami zur Atomkatastrophe von Fukushima, die auch einen Kurswechsel der Regierung Merkel nach sich zog. Im gleichen Monat fanden Landtagswahlen in Baden-Württemberg statt, bei denen die Grünen zum ersten Mal bei einer Landtagswahl stärkste Kraft wurden und mit Winfried Kretschmann den ersten Grünen-Ministerpräsidenten stellten, der 2021 zu seiner dritten Amtsperiode wiedergewählt wurde. Nach der Landtagswahl 2011 bildete Kretschmann zunächst eine Regierung mit der SPD, nach den Landtagswahlen 2016 und 2021 koalierte er jeweils mit der CDU, was nach der jüngsten Landtagswahl auf Widerstand aus der Partei stieß. Kretschmann setzt sich am Ende jedoch durch.

Mit der größeren Vielfalt der Koalitionen rückten die Grünen auch stärker in die Mitte des politischen Spektrums. Gemeinsame Regierungen mit der CDU wurden für die Grünen zunehmend zur Option und wiederholten sich in den entsprechenden Bundesländern nach Landtagswahlen wie in Hessen, wo die Grünen als Juniorpartner der CDU in der zweiten Wahlperiode mitregieren.

Mit dieser Entwicklung verband sich der Wunsch eines Teils der Grünen zu mehr Eigenständigkeit, statt in einem rot-grünen oder rot-rot-grünen Lager wahrgenommen zu werden. Diese Entwicklung bekam einen Schub mit der Wahl Robert Habecks und Annalena Baerbocks zu Vorsitzenden der Grünen.

Habeck und Baerbock werden Vorsitzende

Nach der Bundestagswahl 2017 erklärte sich die SPD, wie oben bereits beschrieben, zunächst nicht bereit, in eine erneute große Koalition einzutreten, weil Spitzenkandidat und Parteiführung der Auffassung waren, daß nach den Verlusten, die SPD und CDU/CSU bei der Bundestagswahl erlitten hatten, ein Mandat für ein erneutes Regierungsbündnis aus Sozial- und Christdemokraten fehlte. Die Union trat mit Grünen und FDP in Koalitionsverhandlungen ein, die kurz vor einer möglichen Einigung an der FDP scheiterten.[192]

Schon in den Jahren zuvor gab es Regierungszusammenarbeiten von Grünen und CDU auf der Ebene der Bundesländer in verschiedenen Varianten, darunter ab 2017 in Schleswig-Holstein in einer Koalition aus CDU, Grüne und FDP, die grundsätzlich auch als Vorbild für das geplante Bündnis auf Bundesebene galt. Robert Habeck war in Schleswig-Holstein Minister für Umwelt

---

[192] vgl. Gammelin, Cerstin und Markus Balser: *Schöne Bescherung.* Süddeutsche Zeitung, 22.11.2017, S. 2.

und Landwirtschaft, sowie stellvertretender Ministerpräsident. Er wurde im Januar 2018 zum Bundesvorsitzenden der Grünen gewählt. Zuvor wurde noch auf
Habecks Betreiben die Satzung der Grünen geändert.
Weil die Grünen bislang eine strenge Trennung von
Amt und Mandat festgeschrieben hatten, wäre es Habeck nicht möglich gewesen, gleichzeitig Co-Vorsitzender der Grünen und Umweltminister in Schleswig-
Holstein zu sein. Durch die Satzungsänderung[193]
konnte er – und künftig auch jeder, der ein Regierungsamt oder Mandat ausübt – acht Monate lang nach
seiner Wahl parallel zum Vorsitz auch Umweltminister
und stellvertretender Ministerpräsident in Schleswig-
Holstein bleiben.[194] Im Vorfeld des Parteitages hatte
Habeck klargestellt, daß er nicht für den Parteivorsitz
kandidieren würde, wenn die Satzungsänderung nicht
beschlossen würde.[195]

Habeck selbst ist Buchautor und hat gemeinsam mit
seiner Frau Andrea Paluch mehrere Kinderbücher
geschrieben. Er hat Philosophie studiert und in
Schleswig-Holstein wesentlich zur Entstehung der
Koalition aus CDU, Grüne und FDP beigetragen. In
seiner Zeit in Schleswig-Holstein hat er das Profil der
Grünen stark geprägt[196] und stieg auch über Schleswig-
Holstein hinaus zu einem populären Politiker auf, wo-
von nunmehr auch gerne die Bundespartei profitieren
wollte.

Neben Habeck wurde Annalena Baerbock zur Vorsit-

---

[193] https://cms.gruene.de/uploads/documents/Satzung-
Mitgliedschaft-im-Bundesvorstand-und-Mandat-Beschluss-BDK-01-
2018.pdf (zuletzt aufgerufen: 11.12.2022).
[194] vgl. von Bullion, Constanze: *Frisches Grün*. Süddeutsche Zeitung,
29.01.2018, S. 5.
[195] vgl. Burghardt, Peter: *Doppelte Ladung*. Süddeutsche Zeitung,
30.01.20218, S. 6.
[196] vgl. ebd.

zenden gewählt. Sie war Bundestagsabgeordnete und hatte Völkerrecht studiert und darüber hinaus einen Flüchtlingsverein in Frankfurt/Oder gegründet.[197] Sie studierte Politik und machte ihren Master in Völkerrecht an der LSE London,[198] wie in Kürschners Volkshandbuch über die Bundestagsabgeordnete zu lesen ist. Sie war freie Mitarbeiterin bei der Hannoverschen Allgemeinen Zeitung und Büroleiterin bei der Europaabgeordneten Elisabeth Schroedter.[199] Deutlich unbekannter als Habeck stellte sie auf dem Parteitag klar, daß mit ihr »nicht nur die Frau an Roberts Seite, sondern die neue Parteivorsitzende von Bündnis 90/Die Grünen«[200] gewählt werde.

Sowohl Robert Habeck als auch Annalena Baerbock gehören dem sogenannten »Realo-Flügel« an, so daß die Linkspartei nach der Wahl der beiden zu Vorsitzenden das Ende des linken Parteiflügels der Grünen aufziehen sahen.[201] Ein Zugeständnis an den linken Parteiflügel könnte jedoch die stärkere soziale Ausrichtung sein, die bei dem Parteitag zu erkennen war.[202] Der ehemalige SPD-Vorsitzende von Schleswig-Holstein, Ralf Stegner, sah es als das große Werk Habecks an, die Grünen für alle Richtungen geöffnet zu haben.[203]

Nach der Abgeordnetenhauswahl in Bremen kam es dort zur ersten rot-rot-grünen Koalition in einem westlichen Bundesland. Während einige hierin ein Signal für eine entsprechende Koalition auf Bundes-

---

[197] vgl. ebd.

[198] vgl. Holzapfel, Klaus-J. (Hrsg.): Kürschners Volkshandbuch. S. 71.

[199] vgl. ebd.

[200] von Bullion, Constanze: *Frisches Grün*. Süddeutsche Zeitung, 29.01.2018, S. 5.

[201] vgl. ebd.

[202] vgl. ebd.

[203] vgl. Burghardt, Peter: Doppelte Ladung. Süddeutsche Zeitung, 30.01.20218, S. 6.

ebene sahen, stellte Habeck klar, daß das eine mit dem anderen nichts zu tun habe. Die Grünen würden nicht Teil eines Lagerwahlkampfes werden.[204] Eine vergleichbare Äußerung gab es vom Grünen-Parteivorstand im Frühjahr 2021 nach der Neuauflage der grün-schwarzen Koalition in Baden-Württemberg nicht, obwohl es innerhalb des Landesverbandes der Grünen erhebliche Widerstände gegen die CDU als erneuten Koalitionspartner gab. Hier setzte sich jedoch der als konservativ geltende Kretschmann mit seinem Wunsch nach einer Fortsetzung der grün-schwarzen Koalition auch gegen die Landesvorsitzenden durch, die für eine Koalition mit SPD und FDP waren.[205]

Unterdessen schloß Habeck eine Koalition mit der Linkspartei nicht aus, knüpfte daran jedoch Bedingungen. Die Linkspartei müsse »in besonderen Maßen beweisen, dass sie regierungsfähig und bereit ist, für dieses Land Verantwortung zu übernehmen«[206] Hierzu gehöre für Habeck, daß sich die Linkspartei zur NATO bekenne und den industriellen Kern des Landes nicht zerstöre.[207]

Nicht nur wirkte es durchaus befremdlich, daß gerade die Grünen von einer anderen Partei forderten, sie sollten sich zur NATO bekennen, denn die Grünen verstanden sich selbst auch über Jahrzehnte als pazifistische Partei. Die Auseinandersetzung über Militäreinsätze im Ausland zerriß die Partei während der Regierungsbeteiligung 1998 bis 2005 fast. Habeck be-

---

[204] vgl. Schneider, Jens: *Von Bremen lernen.* Süddeutsche Zeitung, 08.06.20219, S. 1.
[205] vgl. Henzler, Claudia: *Weiter so ohne weiter so.* Süddeutsche Zeitung, 03.04.22021 S. 6.
[206] vgl. https://www.zeit.de/politik/deutschland/2021-05/bundestagswahl-gruene-robert-habeck-linkspartei (zuletzt aufgerufen: 11.12.2022).
[207] vgl. ebd.

tonte in diesem Zusammenhang, daß die Linkspartei ihre Regierungsfähigkeit in besonderem Maße beweisen müsse.[208]

Zugleich durfte Habeck wissen, welch schwieriges Thema die Frage der Haltung zur NATO für die Linkspartei ist und welche innerparteilichen Auseinandersetzungen um dieses Thema geführt wurden. Eine solche Bedingung käme somit einem praktischen Ausschluß einer rot-rot-grünen Koalition gleich, auch wenn Habeck dies bestritt.[209]

CDU-Kanzlerkandidat Laschet hingegen erklärte, daß die Grünen mit SPD und Linken koalieren würden, wenn sie es könnten.[210] Die Strategie, den Eindruck zu erwecken, als sei eine Koalition mit der Linkspartei auch über 30 Jahre nach der deutschen Einheit ein Tabubruch, scheint abermals eine wesentliche Strategie der CDU für den Bundestagswahlkampf zu werden.

Insofern dürfte abzuwarten bleiben, wie sich die Doppelspitze der Grünen verhält, wenn sie nach einer Bundestagswahl möglicherweise die Wahl zwischen schwarz-grün/grün-schwarz oder rot-rot-grün/grün-rot-rot hat.

---

[208] vgl. ebd.
[209] vgl. ebd.
[210] vgl. ebd.

Die Entscheidung über die Kanzlerkandidatur

Mit dem Aufstieg der Grünen in den Umfragen stellte sich für die Partei die Frage nach einer eigenen Kanzlerkandidatur. Angesichts der eigenen Stärke und der Aussicht, daß mit dem Klimawandel eines der Kernthemen der Grünen den Wahlkampf bestimmen wird, entschied sich die Partei zu einer Kanzlerkandidatur. Fraglich war nur, ob Robert Habeck oder Annalena Baerbock als Kanzlerkandidat/in antreten würde.

Während bei der CDU nach der Erklärung der Kandidaturen durch Armin Laschet und Markus Söder ein Kampf der CDU-Alpha-Männer um die Kandidatur startete, fand die Klärung der Kandidatenfrage bei den Grünen zunächst im Stillen statt, wenngleich es dabei auch nicht immer ganz still war. Tatsächlich jedoch wurde die Frage der Kanzlerkandidatur bei den Grünen mit deutlich weniger Begleitmusik geklärt als es zwischen CDU und CSU der Fall war.

Daß es jedoch nicht immer so ganz harmonisch zuging bei der Kanzlerfrage, zeigte sich bereits bei einem Vorfall im Herbst 2019, als bei den Grünen noch nicht einmal feststand, ob es zu einer Kanzlerkandidatur kommen würde. Der Baden-Württembergische Ministerpräsident Kretschmann wurde auf einer Veranstaltung gefragt, wer als Kanzlerkandidat für die Grünen in Frage käme. Diese Frage beantwortete er spontan mit Robert Habeck und lobte dessen Fähigkeiten als Kommunikator, während er Baerbock gar nicht erwähnte. Nach entsprechender Kritik korrigierte sich Kretschmann gegenüber der Süddeutschen Zeitung und erklärte, er habe nur seine Wertschätzung für

Habeck zum Ausdruck bringen wollen.[211]

Eine Besonderheit der Satzung der Grünen-Partei ist das Frauenstatut, das auch für die Bestimmung des Kanzlerkandidaten oder eben der Kanzlerkandidatin eine Rolle spielt. Nach dem Frauenstatut besteht eine Mindestquotierung, nach der alle Gremien mindestens zur Hälfte mit Frauen zu besetzen seien und bei Listenwahlen den Frauen die ungeraden Plätze vorbehalten seien.[212] Die Folge dieser Regelung ist, daß der Platz eins einer Liste stets mit einer Frau besetzt werden muß. Reine Frauenlisten seien möglich.[213] Sofern keine Frau auf einem Frauenplatz kandidiert, bleiben die Plätze unbesetzt.[214]

Dies führte auch bei der Kanzlerkandidatur zu einem ersten Zugriff für Annalena Baerbock. Insofern war Robert Habeck hier kein gleichberechtigter Bewerber, sondern seine Kandidatur hing davon ab, ob Annalena Baerbock verzichtete – oder eben ihren Vorrang als Frau geltend machte. So betonte auch Robert Habeck, daß Baerbock den Vortritt habe, wenn es nach der Frauenfrage gehe.[215] Hierin kamen durchaus seine Ambitionen zum Tragen, selbst Kanzlerkandidat für die Grünen zu werden – zugleich aber sein Bewußtsein dafür, daß genau dies von seiner Co-Vorsitzenden Baerbock abhänge.

Beide Vorsitzende der Grünen hatten ihre Anhänger, die ihre/n Kandidat/in für den jeweils geeigneteren hielten. In der Öffentlichkeit erscheint in erster Linie Robert Habeck als die leitende Figur, die für den Auf-

---

[211] vgl. Bullion, Constanze von: *Rausgerutscht.* Süddeutsche Zeitung, 02.11.2019, S. 6.

[212] § 1 Abs. 1 Frauenstatut der Grünen.

[213] vgl. ebd.

[214] vgl. ebd. Abs. 2.

[215] vgl. Bullion, Constanze von: *Und jetzt kommst du.* Süddeutsche Zeitung, 17.04.2021, S. 2.

133

stieg der Grünen gesorgt hat. Robert Habeck hat im Gegensatz zu Annalena Baerbock Regierungserfahrung, zeigt jedoch auch immer wieder bei Themen Wissenslücken, die ihm als künftigem Kanzler nicht unterlaufen sollten.[216] Hier wiederum zeigt Baerbock keine Schwächen sondern Detailwissen. Baerbock wurde zugetraut, weniger Fehler im Wahlkampf zu machen, obwohl Habecks Umfragewerte im Vorfeld der Entscheidung besser waren als jene seiner Mitstreiterin.[217]

Die Konfliktlinie verlief somit auch zwischen jenen, die der Auffassung waren, daß es sich die Grünen eigentlich nicht leisten konnten, einen Mann für das Kanzleramt aufzustellen, nachdem sie sich in all den Jahren als Partei der Gleichberechtigung der Frau profiliert hatten. Auf der anderen Seite machten die Habeck-Befürworter deutlich, daß die historische Chance, einen Grünen ins Kanzleramt zu bringen, nicht der Frauenfrage zuliebe geopfert werden solle.[218]

Am Montag, dem 19. April 2021 wurde die Entscheidung zur Kanzlerkandidatur öffentlich gemacht, die die beiden Co-Vorsitzenden untereinander getroffen hatten. Gleich, nachdem die beiden das Podium betreten hatten und noch bevor einer von ihnen ein Wort gesagt hatte, war zu sehen, wie die Entscheidung ausgefallen war. Baerbock lächelte triumphierend, während Habeck sichtbar enttäuscht aussah.

In seiner Ankündigung der künftigen Kanzlerkandidatin der Grünen erklärte Habeck, daß er nun einen Schritt zurücktrete für den gemeinsamen Erfolg.[219] In

---

[216] vgl. ebd.
[217] vgl. ebd.
[218] vgl. ebd.
[219] vgl. Bullion, Constanze von: *Grüner wird's nicht.* Süddeutsche Zeitung, 20.04.2021, S. 3.

ihrer Rede betonte Baerbock: »Ich möchte heute hier mit meiner Kandidatur ein Angebot machen für die gesamte Gesellschaft, als Einladung, unser vielfältiges, starkes, reiches Land in eine gute Zukunft zu führen«.[220]

Daß Robert Habeck der Verzicht nicht leicht fiel, verwundert wenig, und somit überraschte es nicht, daß er dies in einem Interview mit der Zeitung »Die Zeit« auch öffentlich erklärte, was von weiteren Medien aufgegriffen wurde. Der Tag der Nominierung, so Habeck, sei »der schmerzhafteste in seiner politischen Laufbahn« gewesen.[221] Habeck betonte, daß er die Nominierung Baerbocks als persönliche Niederlage empfinde, nach der Wahl jedoch, falls die Grünen an der nächsten Bundesregierung beteiligt würden, ein Ministeramt anstrebe.[222]

Annalena Baerbock hat keine Regierungserfahrung und auch keine Erfahrung darin, eine große Organisation zu leiten, was im Wahlkampf durch den politischen Gegner thematisiert werden dürfte.[223] Zugleich ist dies allerdings im bundesdeutschen System nicht zwingend ein Problem. Das deutsche parlamentarische System ist für jeden Menschen aus der Bevölkerung offen. Daß der Wahlkampf in der Regel durch die Parteien finanziert wird, die ihre Kandidaten unterstützen, soll dafür sorgen, daß der Querschnitt der Bevölkerung Zugang zum Parlament hat. Daß in der Vergangenheit bekannt wurde, daß die eine oder andere Partei auch von ihren Kandidaten einen finanziellen Eigenbeitrag erwartet, tut diesem Ziel durchaus einen

---

[220] ebd.

[221] vgl. *Habecks »schwerster Tag«*. Süddeutsche Zeitung, 22.04.2021, S. 6.

[222] vgl. ebd.

[223] Bullion, Constanze von: *Grüner wird's nicht*. Süddeutsche Zeitung, 20.04.2021, S. 3

Abbruch. Das Ideal ist eigentlich, daß jeder unabhängig von seinen finanziellen Möglichkeiten Zugang zum Parlament haben soll.

Für die Ministerien gilt gleiches. Auch wenn in der Öffentlichkeit immer wieder gerne diskutiert wird, daß doch bitte mal ein Fachmann dieses oder jenes Ministerium leiten solle, könnte dies nach der hier vertretenen Auffassung eher hinderlich sein. Denn dem Minister steht eine erfahrene Fachbürokratie zur Seite, die auch an Gesetzentwürfen arbeitet. Hier wäre ein Fachmann, der davon überzeugt ist, selbst schon alles zu wissen, eher ein Problem als ein interessierter Laie, der auch offen für die Hinweise und Ratschläge aus der Ministerialbürokratie ist.

Ähnliches gilt für das Kanzleramt. Wer hier einzieht und bereits Erfahrung mit dem Regierungsapparat hat, mag Vorteile haben, aber eine unabdingbare Bedingung ist solche Erfahrung nicht, denn auch im Kanzleramt besteht Rat und Tat für den oder die Amtsinhaber/in. Insofern mag die mangelnde Regierungserfahrung im Wahlkampf ein lästiges Thema werden – bei entsprechender Handhabung dieses Themas und überzeugenden Konzepten muß daraus kein Hindernis für den Wahlerfolg erwachsen. Ohnehin hat auch schon die Vergangenheit gezeigt, daß Regierungserfahrung nicht immer zu einer guten Kanzlerschaft führen muß.

Annalena Baerbocks Fehlstart

Nach der Nominierung Annalena Baerbocks als Kanzlerkandidatin konnten sich die Grünen über gute Umfragewerte freuen. Im Deutschland-Trend vom 06.05.2021 lagen die Grünen in der Sonntagsfrage mit 26 Prozent vor der Union, die in der Umfrage auf 23 Prozent kam.[224] Beide Parteien hatten im Monat zuvor

---

[224] vgl. https://www.tagesschau.de/inland/deutschlandtrend/deutsc

ihre Kandidaten gekürt.

In der Frage nach der Direktwahl des oder der Bundes-kanzler/in kamen Armin Laschet und Olaf Scholz auf je 21 Prozent, Baerbock hingegen auf 28 Prozent (weiß nicht: 30 Prozent).[225]

Bereits einen Monat später sah die Lage für die Grünen bereits nicht mehr so rosig aus. Im Deutschland-Trend vom 10.06.2021 lag die CDU bei der Sonntagsfrage mit 28 Prozent wieder vor den Grünen, die nur noch auf 20 Prozent kamen. Bei der Frage nach der Direktwahl des/der Bundeskanzler/in kam Armin Laschet jetzt auf 29 Prozent, Olaf Scholz auf 26 Prozent und Annalena Baerbock fiel zurück auf 16 Prozent.[226]

Diese Werte verfestigten sich auch einen Monat später. Im Deutschland-Trend vom 01.07.2021 blieben die Union bei 28 Prozent sowie die Grünen bei 20 Prozent. In der Frage der Direktwahl des/der Kanzler/in konnte sich Annalena Baerbock leicht auf 18 Prozent verbes-sern, während Armin Laschet leicht auf 28 Prozent fiel und Olaf Scholz nunmehr mit 29 Prozent vorne lag.[227]

Was war passiert?

Zunächst erinnerte der steile Auf- und anschließende Abstieg an den Weg, den auch der SPD-Kanzlerkandi-dat Martin Schulz vier Jahre zuvor – wie oben darge-stellt – genommen hatte. Wie auch bei Schulz hatten die guten Werte Baerbocks sich auch auf die Partei übertragen, ebenso die sinkenden Werte. Dies hing auch damit zusammen, daß der Start Baerbocks in den

---

hlandtrend-2609.html (zuletzt aufgerufen: 11.12.2022).
[225] vgl. ebd.
[226] vgl. https://www.tagesschau.de/inland/deutschlandtrend/deutsc hlandtrend-2653.html (zuletzt aufgerufen: 11.12.2022).
[227] vgl. https://www.tagesschau.de/inland/deutschlandtrend/deutsc hlandtrend-2683.html (zuletzt aufgerufen: 11.12.2022).

Wahlkampf von einer Reihe von Fehlern überschattet war, die jeder für sich genommen zwar nur begrenzt dramatisch waren, jedoch in der Summe das Bild der Kandidatin in der Öffentlichkeit schädigten.

Zunächst wurde öffentlich, daß Baerbock vergaß, Sonderzahlungen, die sie von ihrer Partei in den Jahren 2018 bis 2020 erhalten hatte, an die Bundestagsverwaltung zu melden. Dies sei nachträglich im März 2021 erfolgt. Dabei hat Baerbock keine finanziellen Vorteile aus fragwürdigen Geschäften wie die Unionsabgeordneten in der Maskenaffäre gehabt, sondern lediglich reguläre Zahlungen ihrer Partei nicht an die Bundestagsverwaltung gemeldet, namentlich Weihnachtsgeld aus den Jahren 2018 bis 2020 und eine Corona-Sonderzahlung.[228]

Weil nun gerade die Grünen besonderen Wert auf Transparenz legen und sich für eine Verschärfung der Kriterien auch bezüglich der Nebeneinkünfte einsetzen, hat dieser Fehler Baerbocks vor allem eine politisch-moralische Dimension. Da schädigte es durchaus die Glaubwürdigkeit der Grünen, daß die Parteivorsitzende und später auch der frühere Parteivorsitzende Cem Özdemir Gelder, die er von der Partei erhalten hatte, nachmelden mußten. Hierbei betonte die Parteizentrale der Grünen stets, daß Baerbock die Zahlungen von sich aus nachgemeldet habe und nicht von der Bundestagsverwaltung dazu aufgefordert wurde.[229]

Unmittelbar nach diesem Vorfall kamen Fragen zu ihrem Lebenslauf auf. Baerbock paßte ihren Lebenslauf an, in dem Details wohl ungenau oder gar falsch waren.[230] Hier ging es um Fragen von Mitgliedschaften,

---

[228] vgl. Bullion, Constanze von: *Ausflug in die Todeszone*. Süddeutsche Zeitung, 21.05.2021, S. 2.
[229] vgl. ebd.
[230] vgl. Gensing, Patrick: *Das Netz vergisst nicht*. https://web.archive.or

Fördermitgliedschaft oder schlichte Unterstützung von Organisationen. Auch Angaben zu ihrem Studium wurden entsprechend korrigiert.[231]

Ein weiteres Problem, mit dem sich Baerbock und die Grünen herumschlagen mußten, war das von ihr veröffentliche Buch »Jetzt«. Der Österreichische Medienwissenschaftler Stefan Weber ließ auf seiner Internet-Plattform wissen, daß Baerbocks Buch Urheberrechtsverletzungen beinhalte. Baerbock oder ihr Mitautor Michael Ebmayer habe mehrfach Formulierungen wörtlich übernommen. Zwar sei das Buch keine wissenschaftliche Arbeit, hat weder Fußnoten noch Quellenverzeichnis, räumt auch Weber ein, aber dennoch seien die Textplagiate »ethisch nicht korrekt«.[232]

Gemeint waren Textpassagen wie jene über die EU-Osterweiterung, bei der Baerbock wesentliche Formulierungen von der Bundeszentrale für politische Bildung übernommen habe.[233]

Nun unterliegen Fakten nicht dem Urheberrecht. Wer zum Beispiel schreibt, daß die Erde keine flache Schreibe sondern rund sei, benötigt dafür keine Quelle. Der Plagiatsexperte Volker Rieble steht bezüglich des Beispiels der Bundeszentrale für politische Bildung auf dem Standpunkt, daß sie kein Recht habe, zitiert zu werden, nur Fakten dargestellt würden. Auch der Spiegel, aus dem Baerbock Passagen übernommen hatte, verfüge nicht über die Schöpfungshöhe, die urheberrechtliche Ansprüche auslösten.[234]

---

g/web/20220422035814/http://www.tagesschau.de/faktenfinder/baerbock-lebenslauf-101.html (zuletzt aufgerufen: 11.12.2022).

[231] vgl. ebd.

[232] vgl. Preuss, Roland: *Ein paar Schnipsel auf 240 Seiten.* Süddeutsche Zeitung, 01.07.2021, S. 5.

[233] vgl. ebd.

[234] vgl. ebd.

In der Bewertung des Buches an sich waren jedoch viele Beobachter und Kommentatoren einig. Auf das Buch hätte Baerbock verzichten können. Bücher, die von Politiker/innen meist in Eile, nachts und neben anderen Tätigkeiten her verfaßt würden, seien »nicht nur literarisch, sondern auch politisch verzichtbar.«[235] In der eigentlich den Grünen wohlgesinnten Tageszeitung taz sah die Kommentatorin Silke Mertens das Buch als Tropfen, der das Faß zum überlaufen bringe. Es enthalte so viele einkopierte Passagen, daß der Überblick verlorengehe.[236] Mertens sah angesichts der bisherigen Vorfälle ein Muster: Baerbock wollte größer erscheinen als sie sei und sei somit an ihrem Ehrgeiz gescheitert. Deswegen sollte sie so schnell wie möglich von der Kanzlerkandidatur zurücktreten und diese Habeck überlassen.[237]

In der Süddeutschen Zeitung las sich das, wie oben dargestellt, weit weniger dramatisch. Hier wurde die Forderung nach einem Austausch der Kanzlerkandidatin nicht einmal erwogen, während die Grünen auch wissen ließen, daß dies nicht zur Debatte stehe.

Tatsächlich waren all diese Vorfälle für die Grünen und ihre Kanzlerkandidatin lästig und ärgerlich. Baerbock, die im Ruf steht, alles sehr genau zu nehmen und an sich und andere hohe Anforderungen zu stellen, wirkte nun wie eine Kandidatin, die es in eigenen Angelegenheiten nicht so genau nahm. Dies wirkte sich durchaus auf die Glaubwürdigkeit der Kandidatin aus, wenngleich es nicht solche Ausmaße annahm, daß dies der Kandidatin und der gesamten Kampagne schaden

---

[235] Bullion, Constanze von: *Stümperhaft, nicht verboten.* Süddeutsche Zeitung, 01.07.2021, S. 4.

[236] vgl. Mertins, Silke: *Es ist vorbei, Baerbock!* https://taz.de/Vorwuerfe-gegen-Annalena-Baerbock/!5784037/ (zuletzt aufgerufen: 11.12.2022).

[237] vgl. ebd.

konnte. Dies wurde offensichtlich auch von den Grünen so gesehen, die bezüglich der Vorwürfe bezüglich des Buches gegen Baerbock von Rufmord sprachen und den Medienanwalt Christian Schertz eingeschaltet hatten.[238]

Geschadet hatte es Annalena Baerbock jedoch allemal. In einer Umfrage der Forschungsgruppe Wahlen kamen bei der Bewertung nach Sympathie und Leistung auf einer Skala von +5 bis -5:[239]

Olaf Scholz auf 1.0

Robert Habeck auf 1.0

Armin Laschet auf 0.4

Annalena Baerbock auf -0.1

Die Kurve Baerbocks wies zudem aus, daß sie bei der Bewertung stets hinter Robert Habeck lag.[240]

Auch im oben bereits zitierten Deutschlandtrend fiel Baerbock zurück von 28 Prozent auf 18 Prozent bei der Frage nach der Direktwahl des/der Bundeskanzler/in.

Eine der wesentlichen Ursachen hierfür dürfte darin zu sehen sein, daß in den Wochen zwischen der Kandidatur und Anfang Juli vor allem die Pannen und Fehler der Kanzlerkandidatin der Grünen im Vordergrund standen. Mit seinem Angriff auf das Buch von Baerbock erreichte Stefan Weber, daß in den Wochen nach der Veröffentlichung vor allem die Frage nach der Form, also der vermeintlichen oder tatsächlichen Plagiate und weniger der Inhalt des Buches diskutiert wurde. Dies hat jedoch nicht nur geschadet sondern der Kan-

---

[238] vgl. Bullion, Constanze von: *»Der Versuch von Rufmord«*. Süddeutsche Zeitung, 30.06.2021, S. 6.
[239] vgl. Graphik Süddeutsche Zeitung, 10.07.2021, S. 1.
[240] vgl. ebd.

didatin insoweit genützt, als daß das Buch zum SPIE-
GEL-Bestseller wurde.

Die Frage nach einem Wechsel in der Kanzlerkandidatur von Baerbock auf Habeck hatten die Grünen bereits
beantwortet. Habeck ließ in einem Interview mit der
Süddeutschen Zeitung wissen, daß dies »Kokolores«
sei.[241] Und in der Tat ist schwer vorstellbar, daß die
Grünen tatsächlich eine Frau zum Rückzug aus der
Kanzlerkandidatur drängen, um sie durch einen Mann
zu ersetzen. Zwar wird den wohl größeren Verdienst
am Aufstieg der Grünen Robert Habeck zugeschrieben,
der in Schleswig-Holstein gezeigt hatte, wie eine ge-
spaltene Partei wieder zusammengeführt werden
konnte und »wie man Ideale der Grünen und die realen
Probleme der betroffenen Landwirte, Fischer und
Schäfer mit Reden, Streiten, Überbrücken und Entscheiden zusammenbringen kann«.[242]

Wie schon im Vorfeld geargwöhnt wurde, könnte bei
einem Scheitern der Kanzlerkandidatur die Anhängerschaft Habecks sich dahingehend bestätigt fühlen, daß
eben doch, wie oben beschrieben, die Chance auf das
Kanzleramt der Frauenfrage geopfert wurde. Insofern
wäre es für Baerbocks Kandidatur sicherlich vorteilhafter gewesen, wenn es bei den Grünen kein Frauenstatut gegeben hätte, das im Nachgang den Verdacht
in die Welt brächte, Baerbock sei am Ende doch nur
Kanzlerkandidatin geworden, weil sie eine Frau sei.

Auf der anderen Seite, und auch das sollte nicht unter-
schätzt werden, ist gerade diese Punkt, daß eben eine
Frau an der Spitze stehen soll, für viele Grüne eine
identitätsbegründende Frage. Denn die Grünen haben

---

[241] Braun, Stefan und Constanze von Bullion: *»Gelaufen ist gar nichts«*.
Süddeutsche Zeitung, 10.07.2021, S. 2.
[242] Braun, Stefan: *Grünes Experiment*. Süddeutsche Zeitung, 20.04.2021,
S. 4.

sich von Anfang an nicht nur als Umwelt- sondern auch als feministische Partei begriffen, die die Gleichstellung von Mann und Frau vorantreibt. Auch dieser Umstand erschwerte es den Grünen, in diesem Bundestagswahlkampf Robert Habeck aufzustellen.

Das Frauenstatut der Grünen privilegiert, wie oben schon dargestellt, weibliche Kandidatinnen. Es läßt reine Frauenlisten zu, reine Männerlisten sind ausgeschlossen. Der erste Platz einer Liste fällt schon deshalb einer Frau zu, weil das Frauenstatut regelt, daß die ungerade Plätze mit Frauen zu besetzen sind.

Für die Grünen ist es mithin wichtig, daß eine Frau Kanzlerkandidatin ist. Diese Ebene wird auch Teil des Wahlkampfes, weil sich die Grünen als feministische Partei verstehen, die für die Gleichberechtigung von Mann und Frau im Ergebnis eintreten.

Hierum dreht sich auch die Diskussion um das Parité-Wahlrecht, nachdem in den Parlamenten die Sitze jeweils zur Hälfte mit Frauen und Männern besetzt werden sollen. Dabei steht die Frage, die hier nicht vertiefend diskutiert werden soll, im Mittelpunkt, ob Gleichberechtigung in dem Sinne zu verstehen ist, daß in allen Einrichtungen beide Geschlechter je zur Hälfte vertreten sein sollen, oder ob beiden Geschlechtern in gleicher Weise der Zugang zu den Einrichtungen ermöglicht werden soll. Die bisherigen Versuche, Parité-Gesetze auf Länderebene in Kraft zu setzen, wurden von den jeweiligen Landesverfassungsgerichten zurückgewiesen.

In einer Fragestunde der Kanzlerin im Deutschen Bundestag beklagte die Grüne-Abgeordnete Ulle Schauws, daß nach 16 Jahren Kanzlerin Merkel es nicht möglich gewesen sei, ein Parité-Gesetz zu beschließen, und entlockte der Kanzlerin das Bekenntnis, daß sie erst zufrieden sei, wenn das Verhältnis Frauen zu Männer im Parlament 50:50 sei.[243] Diese Antwort der Kanzlerin befremdete insofern, als daß sie sich während ihrer Amtszeit nur sehr begrenzt als Feministin einen Namen gemacht hatte und auch unter ihrer Führung und der Kramp-Karrenbauers die CDU einem Parité-Gesetz für die Bundestagswahl nicht zustimmte.

In einer Nachfrage legte Schauws nach: »Sind Sie mit mir der Meinung, dass es deswegen nicht am besten wäre, wenn es in diesem Land weiterhin eine Kanzlerin geben würde?«[244]

Diesen recht offenen Versuch, die Kanzlerin dazu zu bringen, in ihrer letzten Befragung im Bundestag Wahlwerbung für Annalena Baerbock zu machen, wehrte diese ab mit dem Hinweis, daß sie der Meinung sei, daß nach sechzehn Jahren ihrer Kanzlerschaft die Bürger/innen mündig genug seien zu entscheiden, wen sie als Kanzler/in haben möchten.[245]

Hier kommt abermals zum Ausdruck, wie hoch die Grünen die symbolische Bedeutung bewerten, daß eine Frau für das Kanzleramt kandidiert. Schon deshalb erscheint es ausgeschlossen, daß Baerbock im Wahlkampf 2021 durch Habeck ersetzt werden würde. Ohnehin ist ein politischer Schaden für die Kampagne der Grünen, den Annalena Baerbock für eine solche Entscheidung angerichtet haben müßte, bislang nicht in Sicht. Schon deshalb wäre es eine Überreaktion, wenn die Grünen jetzt mit Blick auf die bisherigen Pannen während des Wahlkampfes die Kandidatin austauschen würde, was in dieser Phase des Wahlkampfes ohnehin ein nur schwer abzuwägendes Risiko darstellte. Statt dessen wäre es jetzt am Wahlkampfteam, aus den bis-

---

[243] vgl. Plenarprotokoll Deutscher Bundestag, 19. Wahlperiode, 235. Sitzung, S. 30429.
[244] ebd.
[245] vgl. ebd.

herigen Fehlern zu lernen.

Die Kampagne der INSM

Die Initiative Neue Soziale Marktwirtschaft wurde im Jahr 2000 von den Arbeitgeberverbänden der Metall- und Elektroindustrie gegründet, um neoliberale Konzepte in der Bevölkerung populär zu machen und durch Studien und Werbung Öffentlichkeit und Politik im Sinne der Arbeitgeberinteressen zu beeinflussen. Für die Beeinflussung von Politik und Öffentlichkeit stellen die Metallarbeitgeber der INSM jährlich 7 Mio. Euro zur Verfügung.

Kurz vor dem Parteitag schaltete INSM in mehreren Zeitungen eine Anzeige, in der Annalena Baerbock als Moses dargestellt wurde, die zwei Gebotstafeln in den Armen hielt. Ziel der Veröffentlichung kurz vor dem Wahlprogramm-Parteitag der Grünen war offenbar, durch öffentlichen Druck einen letzten Einfluß auf die Beschlüsse zu nehmen.

Die Anzeige trug deutlich sichtbar die Aufschrift »Wir brauchen keine Staatsreligion«. Aufgezählt auf den Tafeln werden die folgenden vermeintlichen oder tatsächlichen Verbote, die die INSM aus dem Entwurf der Grünen zum Wahlprogramm abgeleitet haben:[246]

»1. Du darfst kein Verbrenner-Auto fahren.

2. Du darfst nicht fliegen.

3. Du darfst nicht am Freihandel teilnehmen.

4. Du darfst nicht schöner wohnen.

---

[246]   vgl.   https://www.insm.de/insm/ueber-die-insm/insm-anzeigen/gruene-verbote (zuletzt aufgerufen: 11.12.2022) Graphik im Anhang abgebildet.

5. Du darfst noch weniger von deinem Geld behalten, obwohl du jetzt schon hohe Steuern zahlst.

6. Du darfst bei der Rente keine Rücksicht auf deine Kinder und Enkel nehmen

7. Du darfst dich nicht in erster Linie auf dich verlassen. Der Staat weiss besser, was richtig für dich ist.

8. Du darfst deine Arbeitsverhältnisse nicht frei aushandeln.

9. Du darfst nicht hoffen, dass der Staat vernünftig mit deinen Steuern umgeht.

10. Du darfst nicht mal daran denken, dass mit 10 Verboten Schluss ist...«

Während in der Anzeige, die in mehreren überregionalen Zeitungen erschien, und die im Anhang dieses Buches abgedruckt ist, lediglich die »Zehn Verbote« abgedruckt sind, macht die INSM auf ihrer Internetseite Ausführungen zu den Behauptungen.[247]

So behauptet die INSM unter dem ersten Punkt des Verbotes von Verbrenner-Autos, daß hierdurch die Beschäftigung sinke, es fraglich sei, ob die Ladeinfrastruktur in so kurzer Zeit fertiggestellt werden könne und daß die Anschaffungskosten eines E-Autos Familien und Menschen mit niedrigem Einkommen überfordern könnten.[248]

Statt dessen verlangt die Initiative einen Wettbewerb um die beste Technologie.[249] Daß es so besser geht, wie die INSM behauptet, hat die Automobilindustrie bislang nicht bewiesen. Denn der Schwerpunkt der Au-

---

[247] vgl. https://www.insm.de/insm/themen/soziale-marktwirtschaft/gruene-verbote (zuletzt aufgerufen: 11.12.2022).
[248] vgl. ebd.
[249] vgl. ebd.

toproduktion liegt nach wie vor auf Verbrenner-Autos, obwohl den Menschen schon seit Jahren massentaugliche und kostengünstige E-Autos versprochen wurden. Hinter dieser Forderung dürfte in erster Linie die Erwartung an die deutsche Politik stecken, sie möge wie auch während des Diesel-Skandals weiterhin die schützende Hand über die Automobilindustrie halten.

Überdies zeigte ein Faktencheck der Deutschen Presseagentur, daß die Vorwürfe der INSM-Lobbyisten zumindest nur halbgar sind und es vor allem darum geht, die Grünen als Verbotspartei darzustellen.[250]

So ist die Behauptung, daß keine Verbrenner-Autos mehr gefahren dürfen werden, falsch, denn diese Forderung betrifft nur die Neuzulassung solcher Fahrzeuge ab 2030, während zuvor zugelassene Autos mit Verbrenner-Motoren weiterhin fahren könnten.[251]

Mittlerweile hat auch die Europäische Union erklärt, daß sie Neuzulassungen von Verbrennungsmotoren ab dem Jahr 2035 verbieten will. Insofern haben die Grünen in dieser Frage eine mächtige Institution auf ihrer Seite.

Unter dem Punkt »Du darfst nicht schöner wohnen« kritisiert die INSM die von den Grünen geplanten Maßnahmen zur Begrenzung des Mietenanstiegs und hob hervor, daß Einfamilienhäuser kritisch gesehen würden. Statt dessen sollten Entbürokratisierung und Anreize erfolgen, so die INSM.[252] Es läuft nach ihrer Auffassung also darauf hinaus, weiterhin alles dem Markt zu überlassen, also genau die Politik fortzuset-

---

[250] https://web.archive.org/web/20220414153317/https://www.tagesschau.de/faktenfinder/insm-wahlkampf-gruene-101.html (zuletzt aufgerufen: 11.12.2022).
[251] vgl. ebd.
[252] vgl. https://www.insm.de/insm/themen/soziale-marktwirtschaft/gruene-verbote (zuletzt aufgerufen: 11.12.2022).

zen, die schon bisher zu Wohnungsnot und höheren Mieten geführt hat.

Hinsichtlich der Steuern setzt sich die INSM für Steuersenkungen für »Leistungsträger« ein, womit sie, was sich aus ihren Ausführungen über die Anteile an der Einkommensteuer deutlich ablesen läßt, die Besserverdienenden meint. Statt Steuern für Gutverdienende und Unternehmen zu erhöhen, fordert die INSM, daß die Menschen »relevante Teile ihres Einkommens behalten dürfen«,[253] also Steuern zu senken. So sollen die finanziellen Folgen der Corona-Krise besser in den Griff bekommen werden – vermutlich durch eine stärkere Belastung des Einzelnen.

Bei der Rente kritisiert die INSM, daß die Grünen das Rentenniveau auf 48 Prozent festschreiben (»zementieren«) wollen. Statt dessen empfehlen die Lobbyisten der Arbeitgeberverbände weitere Senkungen bei der gesetzlichen Rente und eine Erhöhung der Regelaltersgrenze,[254] was für die meisten Menschen eine Rentenkürzung bedeuten würde, nämlich wenn sie diese zum Beispiel aus gesundheitlichen Gründen nicht erreichen.

Bei allen Ausführungen der INSM zum Programm der Grünen im Rahmen dieser Kampagne bleibt zu beachten, daß es sich, wie oben bereits angeführt, bei der INSM um eine Initiative der Arbeitgeberverbände handelt, die deren Interessen, also möglichst wenig staatliche Regulierung und möglichst viel unternehmerische Freiheit, vertritt. In den Anfängen der Initiative plakatierte sie zum 1. Mai 2003 den Slogan »Weniger Sozialstaat bringt mehr Jobs«. Mit diesem Slogan ist das Sozialstaatsverständnis der Initiative umfassend beschrieben.

---

[253] vgl. ebd.
[254] vgl. ebd.

Dies ist nicht die einzige Anzeige der INSM zum Bundestagswahlkampf. Sie hat sich auch schon in weiteren Anzeigen an alle Kanzlerkandidaten gewandt und ihre Vorstellungen von (unternehmerischer) Freiheit angedeutet und eingefordert. Die Anzeige, in der Annalena Baerbock als Moses dargestellt wurde, war jedoch jene, die in der Öffentlichkeit am meisten wahrgenommen und entsprechende Diskussionen ausgelöst hat. Dennoch dürfte sie auf das Wahlverhalten der Menschen eine eher untergeordnete Rolle spielen.

Zugleich aber zeigen die Unterstellungen in dieser Kampagne, wie sehr die Lobbygruppen der Unternehmen einen Wahlsieg der Grünen und eine entsprechende Änderung der Politik fürchten. Gerade die Automobilindustrie, die in der Vergangenheit eine große Aufmerksamkeit und Unterstützung der regierenden Parteien erhalten hatte, fürchtet offenbar um ihren Einfluß auf künftige Regierungen. Daß sie zur CDU einen besseren Draht hat als zur den Grünen, zeigt sich auch daran, daß der langjährige Präsident des Verbandes der Automobilindustrie, Matthias Wissmann, CDU-Mitglied und langjähriger Verkehrsminister war. Die aktuelle Präsidentin des Verbandes, Hildegard Müller, ebenfalls CDU-Mitglied, war von November 2005 bis 2008 Staatsministerin im Bundeskanzleramt[255] und eine Vertraute von Bundeskanzlerin Angela Merkel. Das sind kurze Kontaktwege, um die die Autolobby im Falle eines Grünen-Wahlsieges zurecht fürchtet.

Dies zeigt allerdings auch, wie wichtig Maßnahmen zu Transparenz und ein wirksames Lobbyregister ist, um die Aktivitäten und den Einfluß von Lobbygruppen auf die Politik offenzulegen.

---

[255] vgl. https://www.vda.de/de/der-vda/organisation/praesidentin (zuletzt aufgerufen: 11.12.2022).

Wahlprogramme

In diesem Kapitel soll nun ein kurzer Überblick über die Wahlprogramme der Parteien gegeben werden. Bedingt durch die vergleichsweise späten Nominierungen der Kandidaten bei Bündnis 90/Die Grünen und der CDU/CSU sind auch die endgültigen Fassungen der Wahlprogramme entsprechend spät veröffentlicht worden.

Das kürzeste der drei Wahlprogramme ist »das Zukunftsprogramm« der SPD mit 66 Seiten, das längste ist »Deutschland. Alles ist drin« von den Grünen mit dem Untertitel »Bereit, weil Ihr es seid« mit 258 Seiten in der barrierefreien Version, die darüber hinaus noch über ein Stichwortregister verfügt, daß den Gesamtumfang auf 271 Seiten erhöht. Dazwischen liegt »Das Programm für Stabilität und Erneuerung« von der CDU mit 139 Seiten.

Das Zukunftsprogramm der SPD

Das »Zukunftsprogramm« der SPD trägt den zweiten Titel »Aus Respekt vor Deiner Zukunft«. Die ständige Betonung des Wortes »Respekt« dürfte ein Erbe der Zeit Andrea Nahles sein, denn auch im Sozialstaatspapier von Andrea Nahles kommt dieser Begriff zahlreiche Male vor und wurde auch als Bezeichnung der sogenannten Grundrente für Geringverdiener in Form der »Respekt-Rente« verwendet.

Ohnehin hat auch das Sozialstaatspapier von Andrea Nahles seine Spuren im Wahlprogramm hinterlassen, denn die Forderung nach einem Mindestlohn von zwölf Euro, die auch im Sozialstaatspapier erhoben wird, befindet sich auch im Wahlprogramm der SPD wieder.[256] Ebenso wird die Forderung aus dem Sozial-

---

[256] vgl. SPD: *Zukunftsprogramm*. S. 27.

staatspapier erhoben, Vermögen und Wohnungsgröße zwei Jahre lang nicht zu überprüfen, sowie sinnwidrige und unwürdige Sanktionen abzuschaffen.[257] Eine grundsätzliche Ablehnung des bedingungslosen Grundeinkommens wird zwar im Wahlprogramm der Partei nicht formuliert, ein solches wird jedoch auch nicht erwogen. In der Frage des »Rechts auf Arbeit«, das im Wahlprogramm wie auch im Sozialstaatspapier betont wird, wird weiterhin auf die Dominanz fremdbestimmter Arbeit abgestellt.

Ebenfalls in das Wahlprogramm 2021 wurde die Forderung von Martin Schulz nach einem Arbeitslosengeld Q aus dem Wahlkampf 2017 übernommen,[258] das gleichfalls keine Überwindung sondern eine Weiterentwicklung der Agenda 2010 darstellt.

Mit einer Kindergrundsicherung wollen die Sozialdemokraten zum einen eine Infrastruktur für gerechte Bildung und Teilhabe bereitstellen, zum anderen Familien ein automatisch ausgezahltes Kindergeld gewähren, das nach dem Einkommen der Familien gestaffelt ist und mit dem Unterstützungsbedarf steigt.[259]

In der Gesundheitspolitik soll die Kommerzialisierung beendet und für die Pflegeberufe gute Arbeitsbedingungen und bessere Löhne geschaffen werden. Zudem spricht sich die SPD für eine Bürgerversicherung mit solidarischer Finanzierung und gleich gutem Zugang zur medizinischen Versorgung für alle aus.[260]

Die gesetzliche Rente soll gestärkt und bei einem Rentenniveau von mindestens 48 Prozent stabilisiert werden. Zugleich soll allen gesetzlich Versicherten die

---

[257] vgl. ebd. S. 33 sowie SPD-Parteivorstand (Hrsg.): *Arbeit – Solidarität – Menschlichkeit*, S. 13f.
[258] vgl. SPD: *Zukunftsprogramm*, S. 31.
[259] vgl. ebd. S. 39.
[260] vgl. ebd. S. 18.

Möglichkeit eingeräumt werden, privat vorzusorgen.
Eine Anhebung des Renteneintrittsalters wird abgelehnt.[261]

In der Klimapolitik setzen die Sozialdemokraten auf
erneuerbare Energien und den Ausbau des öffentlichen
Nahverkehrs. Deutschland soll spätestens im Jahr 2045
komplett klimaneutral sein.[262] Zwar wird auch die Betonung auf Elektro-Autos gelegt, die entsprechenden
Programmpunkte im Zukunftsprogramm der SPD legen jedoch nah, daß das größere Gewicht auf den Ausbau des Öffentlichen Nahverkehrs gelegt wird.

In der Wohnungspolitik wollen die Sozialdemokraten
dafür sorgen, daß der CO_2-Preis von den Vermietern
getragen wird.[263] Im Bereich der bezahlbaren Mieten
setzt sich die SPD für eine Reform der Mietpreisbremse
ein und will ein zeitlich befristetes Mietmoratorium
einführen, in dessen Rahmen die Mieten nur entsprechend der Inflationsrate steigen dürfen.[264] Ein Mietendeckel, wie jener, den das Abgeordnetenhaus in Berlin
beschlossen hatte, wird im Wahlprogramm nicht erwähnt.

Das Bundesverfassungsgericht hatte den Mietendeckel
wegen der Unzuständigkeit des Bundeslandes für verfassungswidrig erklärt. Zuständig für die Gesetzgebung
sei hier der Bund.[265] Insofern ist es durchaus auch eine
politische Aussage, wenn im Parteiprogramm lediglich
von einem Moratorium statt eines Mietendeckels, der
Mieterhöhungen komplett unterbindet, die Rede ist.

---

[261] vgl. ebd. S. 35.

[262] vgl. ebd. S. 8.

[263] vgl. ebd. S. 10.

[264] vgl. ebd. S. 37.

[265] vgl. BVerfG, Beschluß des Zweiten Senats vom 25. März 2021
- 2 BvF 1/20 -, Rn. 1-188,
http://www.bverfg.de/e/fs20210325a_2bvf000120.html   (zuletzt
aufgerufen: 11.12.2022).

Ebenfalls unerwähnt bleibt im Abschnitt über die bezahlbaren Wohnungen die Frage einer Modifizierung oder Abschaffung der Modernisierungsumlage, die maßgeblich zur Verteuerung von Wohnraum beigetragen hat.

Zu den Schwerpunkten des Wahlprogrammes zählt ferner eine umfangreiche Digitalisierung, bei der die Sozialdemokraten die Balance zum Datenschutz suchen. Monopole sollen bekämpft und die Anonymität und die pseudonyme Nutzung des Netzes weiter möglich sein.[266]

Darüber hinaus soll bis 2030 die Gleichstellung von Mann und Frau erreicht werden. Hierzu wird unter anderem auch die Einführung von Paritätsgesetzen für den Bundestag, die Länder und die Kommunen gefordert.[267] Im Rahmen eines Paritätsgesetzes soll verbindlich vorgeschrieben werden, daß bei der Aufstellung von Listen für Bundes-, Landtags- oder Kommunalwahlen diese je zur Hälfte und abwechselnd mit Frauen und Männern zu besetzen seien. Hierbei stellen sich besondere verfassungsrechtliche Probleme, was auch daran zu erkennen ist, daß alle bisherigen Versuche, solche Gesetze auf Landesebene einzuführen, von den jeweiligen Landesverfassungsgerichten als verfassungswidrig verworfen wurden.

Trans-, inter- und nicht binäre Menschen sollen im Recht gleich behandelt und das Transsexuellengesetz reformiert werden.[268] In börsennotierten oder mitbestimmten Unternehmen sollen in den Führungsebenen genauso viele Frauen wie Männer vertreten sein, was bei Nichtbeachtung mit Sanktionen durchgesetzt wer-

---

[266] vgl. SPD: *Zukunftsprogramm*, S. 15.
[267] vgl. ebd. S. 42.
[268] vgl. ebd. S. 44.

den soll.[269]

Zum Wahlrecht zur Bundestagswahl äußert sich das SPD-Programm nicht, jedoch wollen die Sozialdemokraten das Wahlalter für junge Menschen auf 16 Jahre senken. Europa soll gestärkt und ein gemeinsames Wahlrecht zur Wahl des Europäischen Parlamentes geschaffen werden. Zugleich werden die Europäischen Werte betont und die Gewährleistung der Seenotrettung sowie ein funktionsfähiges Europäisches Asylrecht gefordert.[270] Gut integrierten Menschen, die kein gesichertes Aufenthaltsrecht haben, wollen die Sozialdemokraten ein dauerhaftes Bleiberecht ermöglichen. Zwangsweise Rückführungen von Menschen in Länder, in denen ihnen Gefahr droht, werden abgelehnt. In einem modernen Staatsangehörigkeitsrecht soll auch die Mehrstaatlichkeit ermöglicht werden.[271]

Im Programm werden zwar durchaus auch populistische und nationalistische Regierungen, die die europäische Wertegemeinschaft auf die Probe stellten, in dem sie die Unabhängigkeit der Justiz beschneiden und grundlegende Rechte einschränken, erwähnt, jedoch ohne die betreffenden Länder beim Namen zu nennen. Dies werde nicht hingenommen, zugleich bleibt im Nebel, was genau die Sozialdemokraten gegen solche Entwicklungen unternehmen wollen.

In der Friedenspolitik setzt die SPD auf Diplomatie und Dialog. Der Klimawandel muß ebenso bekämpft werden wie Hunger und Armut.[272]

Der Einsatz von Drohnen wird zum Schutz der Soldaten der Bundeswehr befürwortet, deren Bewaffnung

---

[269] vgl. ebd. S. 42.
[270] vgl. ebd. S. 58.
[271] vgl. ebd. S. 45f.
[272] vgl. ebd. S. 61.

könne jedoch erst nach einer gesellschaftlichen Debatte entschieden werden. Atomwaffen und autonome Waffensysteme werden abgelehnt.[273]

Rechtsextremismus bei Polizei und Bundeswehr sollen durch Supervision, Fort- und Weiterbildung sowie guten Arbeitsbedingungen bekämpft werden.[274] Inwieweit die SPD eine Studie zum Rechtsextremismus in der Polizei befürwortet, läßt sich dem Wahlprogramm nicht entnehmen.

Bemerkenswert ist, daß die Sozialdemokraten in ihrem Wahlprogramm bekennen, daß eine Austeritätspolitik, also eine Politik der »schwarzen Null«, nach der Krise ein Irrweg sei. »Wer diesen Weg verfolgt, setzt unsere Zukunft aufs Spiel oder will harte Einschnitte in den Sozialstaat«.[275] Hier gerät das Wahlprogramm in ein gewisses Spannungsverhältnis mit dem Kanzlerkandidaten der SPD, Olaf Scholz, der als Anhänger einer Politik der schwarzen Null gilt und auch für die Zeit nach der Krise bereits angekündigt, die Schuldenbremse bereits 2023 wieder einhalten zu wollen.[276]

Ein weiteres finanzpolitisches Vorhaben der SPD liegt in der Wiederinkraftsetzung der Vermögenssteuer und einer Reform der Erbschaftssteuer, um Reiche wieder stärker an der Finanzierung des Gemeinwesens zu beteiligen.[277]

Es zeigte sich somit durchaus, daß Wahlprogramm auf den Kanzlerkandidaten abgestimmt wurde. Allein der Abschied von der »schwarzen Null« konnte Scholz schmerzen, zugleich aber enthielt das Programm kei-

---

[273] vgl. ebd. S. 63.
[274] vgl. ebd. S. 47.
[275] ebd. S. 22.
[276] vgl. Gammelin, Cerstin: *Getauschte Rollen.* Süddeutsche Zeitung, 14.05.2021, S. 18.
[277] vgl. SPD: Zukunftsprogramm. S. 23.

nen klaren Politikwechsel und keinen Kurswechsel im
Hinblick auf die Agenda 2010. Wesentliche Maßnahmen der alten rot-grünen Regierung, die heute als
ungerecht empfunden werden, werden allenthalben
korrigiert aber nicht revidiert. Besonders linke
Schwerpunkte wie ein Mietendeckel oder gar die Ent-
eignung großer Wohnungsbaugesellschaften sind im
Programm nicht enthalten. Die SPD hat gelernt, daß
Programm und Kandidat zusammenpassen müssen.
Leider ging dies zu Lasten eines echten Politikwechsels.

CDU/CSU: Stabilität und Erneuerung

CDU und CSU haben mit dem »Programm für Stabilität und Erneuerung ein gemeinsames Regierungsprogramm herausgegeben. Besondere Schwerpunkte des Programms liegen auf einer wirtschaftlichen Perspektive und der Digitalisierung als Lösung für zahlreiche gesellschaftliche Probleme. Der enge Fokus auf Wirtschaft und Digitalisierung führt letztlich auch dazu, daß sich manche Passagen im Parteiprogramm ähneln oder aber Dinge aufgreifen, die zuvor bereits erwähnt wurden.

So betont die Union auf Seite 35 und 71 des Programms: »Weltspitze bei der Steuerbelastung und Weltspitze bei der Wettbewerbsfähigkeit – das paßt auf Dauer nicht zusammen«.[278] Mit diesem Zitat bekräftigte auch Friedrich Merz die geplanten Steuersenkungen, die zeitnahe nach der Wahl zu erfolgen hätten.[279] Er reagierte damit auf die Aussage von Armin Laschet im Sommerinterview, daß es im Moment über die komplette Abschaffung des Solidaritätszuschlages, der gegenwärtig nur von Bestverdienern gezahlt wird, keine Steuererleichterungen geben könne, weil dazu das Geld fehle. Im Parteiprogramm hingegen ist an mehreren Stellen von Entlastung von Unternehmen und Familien die Rede.[280]

Tatsächlich verspricht die CDU in ihrem Regierungsprogramm an mehreren Stellen eine Steuerentlastung und lehnt weitere Steuerbelastungen ab. Bereits für den Koalitionsvertrag der laufenden Wahlperiode hatte die Union Steuererhöhungen ausgeschlossen und

---

[278] CDU/CSU: *Das Programm für Stabilität und Erneuerung.* S. 35 und 71; hier zitiert nach S. 71.
[279] vgl. Gammelin, Cerstin: *Steuererleichterungen ja, aber erst später.* Süddeutsche Zeitung, 13.07.2021, S. 5.
[280] vgl. ebd.

damit insofern »Glück« gehabt, daß die Frage der Finanzierung der Folgen von Corona nicht mehr in dieser Wahlperiode gelöst werden müssen. Zugleich weist die Union im Wahlprogramm darauf hin, daß die finanziellen Spielräume des Staates durch die Bekämpfung der Corona-Pandemie zwar eingeschränkt, Steuererhöhungen aber der falsche Weg seien. Der Staat müsse sich nach der Pandemie deutlich zurückziehen.[281]

Für die Aufgaben hätte die Union die richtigen Werte: »Vernunft statt Ideologie, Innovation statt Verbote, Soziale Marktwirtschaft statt sozialistischer Umverteilung (...)«[282] Daß auch die »Soziale Marktwirtschaft« eine Ideologie ist, sei nur am Rande erwähnt. Und so wird diese auch im Parteiprogramm der CDU gepriesen wie in einer Broschüre der arbeitgeberfinanzierten Initiative Neue Soziale Marktwirtschaft: »Die Soziale Marktwirtschaft ist die Wirtschaftsordnung unserer freiheitlichen Demokratie. Sie ist Fundament unseres Erfolgs als innovative, leistungsfähige und nachhaltige Volkswirtschaft. Sie verbindet Chancen für den Einzelnen mit sozialer Sicherheit in unserer Gesellschaft. Sie ist die Ordnung, die wie keine andere Ökonomie, Ökologie und Soziales in Einklang bringt«.[283]

Als Leitwerte der Union, die sich durch das gesamte Programm ziehen, werden Freiheit, Wettbewerb und eine starke Wirtschaft beschrieben, bei der der Staat nur die Regeln bestimmt, sich aber ansonsten heraushält. Dabei dürfen den Unternehmen keine neuen Belastungen auferlegt, keine Steuern erhöht und statt dessen der Solidaritätszuschlag abgeschafft und kleine und mittlere Einkommen entlastet werden.[284] Steuern

---

[281] vgl. CDU/CSU: *Das Programm für Stabilität und Erneuerung*. S. 4.
[282] ebd. S. 5.
[283] ebd. S. 33.
[284] vgl. ebd. S. 34.

auf Gewinne von Unternehmen sollen bei 25 Prozent gedeckelt werden und Unternehmen von Bürokratiekosten in Milliardenhöhe entlastet werden. Hierzu soll die von der Union eingeführte »Bürokratiebremse« verstärkt werden.[285]

Auf dem Arbeitsmarkt sollen Werk- und Dienstverträge sowie die Zeitarbeit erhalten und die sachgrundlose Befristung bis zu zwei Jahren möglich bleiben. Die Minijobgrenze soll von 450 auf 550 Euro erhöht werden. Das Arbeitszeitgesetz will die Union dahingehend ändern, daß wöchentliche Höchstarbeitszeiten an die Stelle der täglichen treten sollen, wobei eine Abweichung von der täglichen Höchstarbeitszeit nur bei gefahrengeneigten Berufen nicht in Betracht kommen soll.[286]

Bezüglich der Arbeitslosenabsicherung hält sich die Union kurz: Am Prinzip des Forderns und Förderns soll festhalten und die Sanktionsmechanismen des SGB II (Sozialgesetzbuch II, »Hartz IV«) beibehalten werden. Ein bedingungsloses Grundeinkommen schließt die Union aus.[287]

Als beste Rentenpolitik betrachtet die Union, die die Rente als Lohn für Lebensleistung sieht, eine gute Wirtschaftspolitik.[288] Dabei will die Union auch die betriebliche und private Altersvorsorge stärken. Insbesondere von Maßnahmen zur Stärkung der privaten Vorsorge versprechen sich die Unionsparteien, daß mehr Menschen privat vorsorgen.[289]

Im Wohnungsbau setzt die Union vor allem auf Anreize zur Bautätigkeit und Beschleunigung der Genehmi-

---

[285] vgl. ebd. S.35f.
[286] vgl. ebd. S. 38f.
[287] vgl. ebd. S. 61.
[288] vgl. ebd. S. 58.
[289] vgl. ebd. S. 61.

gungsverfahren. »[R]echtlich fragwürdige und ungeeignete Eingriffe, wie den Mietendeckel«[290] werden von der Union abgelehnt. Auch weitere staatliche Maßnahmen zur Begrenzung der Miete werden nicht erwogen. Die Union setzt weiterhin auf den Markt und die Förderung von Wohneigentum als Zukunftsinvestition und Altersvorsorge.[291]

Eine zentrale Rolle im Programm der Union spielt die Digitalisierung, die als Lösung für zahlreiche politische und gesellschaftliche Probleme angesehen wird. Für Europa wird eine »echte Digital und Datenunion« gewünscht, mit digitaler Infrastruktur, digitaler Marktordnung und digitale Ökosysteme.[292] Planungs- und Genehmigungsverfahren sollen digitalisiert werden,[293] Klimaschutz soll mit Hilfe der Digitalisierung vorangetrieben werden,[294] im Gesundheitswesen soll die Digitalisierung und Robotik Erleichterungen für die Pflegekräfte bringen[295] und selbstverständlich soll die Verwaltung digitalisiert werden, wobei hierfür die Schriftformerfordernisse konsequent beseitigt werden sollen.[296]

Dabei gilt der Union der Datenschutz nicht als »Super-Grundrecht«. »Eine übertriebene Auslegung von Datenschutzanforderungen darf nicht dazu führen, Innovationen zu hemmen und Verfahren bürokratisch zu verlangsamen«.[297] Mit anderen Worten – der Datenschutz der Bürger/innen hat im Zweifel hinter den Interessen von Wirtschaft und schnellen Verfahren

---

[290] ebd. S. 123.
[291] vgl. ebd. S. 126.
[292] vgl. ebd. S. 28.
[293] vgl. ebd. S. 36.
[294] vgl. ebd. S. 42.
[295] vgl. ebd. S. 63.
[296] vgl. ebd. S. 96.
[297] vgl. ebd. S. 94.

zurückzustehen.

In der Pflege betont die Union, daß die Bezahlung von Pflegekräften verbessert wurde. Die Rahmenbedingungen der Pflege sollen weiter verbessert werden, wobei die Trägervielfalt gestärkt und durch den Wettbewerb bessere Angebote entstehen sollen.[298]

Familien sollen finanziell entlastet werden. am Ehegattensplitting will die Union festhalten und die steuerliche Berücksichtigung haushaltsnaher Dienstleistungen verbessern, weil sie sich dadurch eine Entlastung der Familien verspricht.[299]

Die Reihenfolge von Programmpunkten in Wahlprogrammen ist ein zusätzlicher Indikator dafür, was Parteien und Kandidaten wichtig ist. Von besonderem Interesse ist in diesem Zusammenhang, daß äußere Sicherheit und Verteidigung am Anfang des Regierungsprogrammes stehen. Hier betont die Union die führende außen- und sicherheitspolitische Rolle Deutschlands als stärkste Wirtschaftsnation, die alle Instrumente der Außen-, Verteidigungs- und Entwicklungspolitik anzuwenden habe, auch militärische.[300] Die Unionsparteien begreifen die NATO als Werte- und Sicherheitsgemeinschaft und betonen die Notwendigkeit der deutschen Beteiligung an der nuklearen Teilhabe durch die NATO-Mitgliedschaft, so lange es Staaten mit Atomwaffen gebe. Darüber hinaus bekennt sich die Union zum 2%-Ziel der NATO, als der Aufwendung von zwei Prozent des Bruttoinlandsproduktes für Rüstung und Verteidigung.[301]

Die Unionsparteien verstehen sich als Parteien der

---

[298] vgl. ebd. S. 67.
[299] vgl. ebd. S. 71f.
[300] vgl. ebd. S. 7.
[301] vgl. ebd. S. 8f.

Bundeswehr.[302] Diese sei Teil der Gesellschaft, weshalb die Union dafür sorgen will, daß die Bundeswehr mit ihren Jugendoffizieren einen festen Platz in den Schulen habe. Der freiwillige Wehrdienst, also der von Verteidigungsministerin Kramp-Karrenbauer eingeführte »Heimatschutz«, solle fortgeführt werden.[303]

Auch bei der Bundeswehr soll die Digitalisierung vorangetrieben werden. Die Union strebt den Einsatz von Künstlicher Intelligenz, Cyber- und Weltraumfähigkeiten an und befürwortet auch die Ausrüstung der Bundeswehr mit bewaffneten Drohnen.[304]

Bei der Entwicklungszusammenarbeit setzt die Union auf Freihandel und private Investitionen und erwartet überdies, daß die Partnerländer Fluchtursachen und illegale Migration bekämpfen, zum Beispiel durch die Rücknahme eigener Staatsangehöriger.[305]

In der Frage der Zuwanderung unterscheidet die Union zwischen Asylsuchenden und ausländischen Fachkräften. Während die Zuwanderung von den »klügsten Köpfen aus aller Welt«[306] begrüßt wird, begegnet die Union in ihrem Programm Flüchtlingen mit spürbaren Vorbehalten. Dies läßt bereits die Aussage erkennen, daß die Union eine Zuwanderung in die Sozialsysteme ablehne.[307] Die Zahl der nach Deutschland und Europa flüchtenden Menschen soll niedrig gehalten werden durch die Festlegung weiterer sicherer Herkunftsstaaten, die im Widerstandsfall auch ohne Mitwirkung des Bundesrates durchgesetzt werden sollen, durch Beibehaltung der gegenwärtigen Regeln des Familiennach-

---

[302] vgl. ebd. S. 11.
[303] vgl. ebd. S. 12.
[304] vgl. ebd. S. 13.
[305] vgl. ebd. S. 14.
[306] ebd. S. 26.
[307] vgl. ebd.

zugs, durch die Einschränkung der Möglichkeiten des Bleiberechts für Ausreisepflichtiger und durch eine verstärkte Durchsetzung von Ausreisepflichten.[308]

Ausländische Fachkräfte, im Unionsprogramm immer wieder als die »klügsten Köpfe« bezeichnet, sind jedoch willkommen. Für sie sollen die Möglichkeiten der Einreise und die Bleibeperspektiven verbessern werden.[309]

Gestärkt werden sollen auch die Befugnisse von Polizei und Sicherheitsbehörden. Auch in diesem Bereich soll die Digitalisierung nach dem Willen der Union helfen, für mehr Sicherheit zu sorgen. Dazu sollen auch Kameras mit intelligenter Videosicherheitstechnik eingesetzt werden.[310]

Einsatzkräfte wie Polizisten, Feuerwehrleute und Sanitäter sollen besser geschützt werden und Angriffe auf diese Personen durch entsprechende Gesetzesänderung zu Verbrechen mit einer Mindeststrafe von einem Jahr werden.[311] Zugleich verliert das Programm der CDU kein Wort über rechtsextreme Vorfälle bei der Polizei. Die Debatte um eine entsprechende Studie zu solchen Vorfällen ist spurlos an dem Regierungsprogramm vorbeigegangen.

Neben weiteren innenpolitischen Themen beschäftigen die Autoren des Programms vor allem die Bekämpfung des Extremismus und hier besonders die des Islamismus.[312] Im Kampf gegen Extremisten soll zudem die »Demokratieklausel« wieder eingeführt werden, die Empfänger von Fördergeldern verpflichtet, sich zur freiheitlich-demokratischen Grundordnung zu beken-

---

[308] vgl. ebd.
[309] vgl. ebd. S. 89f.
[310] vgl. ebd. S. 107.
[311] vgl. S. 107f.
[312] vgl. S. 112f.

nen.[313] Eine solche Klausel wurde bereits unter der damaligen Familienministerin Kristina Schröder eingeführt und vor allem als Generalverdacht gegen antifaschistische Gruppen, linksextrem zu sein, wahrgenommen.

Die verschiedenen Aspekte der Programmpunkte der Union werden sehr stark unter der Perspektive wirtschaftlichen Nutzens und Stärkung der Wettbewerbsfähigkeit der deutschen Wirtschaft gesehen. Auch beim ökologischen Umbau betont die Union Wirtschaftlichkeit und Wettbewerb, zum Beispiel wenn Deutschland Wasserstoffland Nr. 1 werden soll[314] oder wenn Wälder nicht nur als grüne Lunge sondern auch als wichtiger Wirtschaftsfaktor wahrgenommen und »Schützen durch Nützen« als Grundsatz formuliert wird.[315]

Chancengleichheit für Männer und Frauen soll gewährleistet werden, wobei Frauen insbesondere für die sogenannten MINT-Fächer (Mathematik, Informatik, Naturwissenschaften, Technik) begeistert[316] oder ihr Gründergeist geweckt werden soll.[317] Weitergehende Themen der Gleichberechtigung finden sich im CDU-Programm nicht. Die Rechte von Schwulen, Lesben und Transsexuellen werden im Programm gar nicht erwähnt.

Konflikte gab es bei der Erstellung des Programms zwischen CDU und CSU um die Frage der Ausweitung der Mütterrente, die ins Programm nicht aufgenommen wurden. Dafür erklärte Markus Söder, daß sich die CSU für diesen Punkt im Rahmen von Koalitions-

---

[313] vgl. ebd. S. 115.
[314] vgl. ebd. S. 44.
[315] vgl. ebd. S. 46.
[316] vgl. ebd. S. 79.
[317] vgl. ebd. S. 90.

verhandlungen einsetzen würde.[318]

Insgesamt ist das Programm der Unionsparteien sehr wirtschaftsnahe mit sehr konservativen Akzenten in der inneren und äußeren Sicherheit. Die CDU/CSU vertraut stärker auf Wirtschaft, Markt und Wettbewerb statt auf den Staat, was sich besonders in der Sozialpolitik zeigt, wo auf Privatvorsorge und privatwirtschaftlichem Wettbewerb zwischen Anbietern gesetzt wird.

In Bezug auf die innere und äußere Sicherheit betont die Union hingegen den starken Staat. Sie will die Zusammenarbeit der Sicherbehörden verstärken und den Datenaustausch unter ihnen erleichtern. Eine verstärkte Überwachung des öffentlichen Raumes mit Video- und Digitaltechnik sind Ausweis des konservativen Verständnisses. Dies entspricht auch der Einbindung konservativer Politiker in das Wahlkampfteam durch den Kandidaten Armin Laschet. Mit dem Programm sollen konservativ-bürgerliche Wähler angesprochen, und mit einer restriktiven Politik im Bereich der inneren Sicherheit und des Asyls Wähler/innen von der AfD zurückgeholt werden.

---

[318] vgl. Glas, Andreas: *Ein Schritt zurück*. Süddeutsche Zeitung, 22.06.2021, S. 2.

Die Grünen: Deutschland. Alles ist drin.

Das Wahlprogramm der Grünen ist von den drei hier betrachteten das längste. Das hat auch seinen Grund darin, daß die Grünen ihre Vorhaben mit vielen Details begründen, zugleich aber die Ziele teilweise offen, teilweise konkreter formulieren und in der Regel in die gesellschaftlichen Zusammenhänge einbetten, in denen sie die entsprechenden Problemlösungen für notwendig halten.

Entsprechend der Strategie des Vorstandes ergeht eine Einladung an alle. Die Themen sollen nach der Wahl gemeinsam angepackt werden, »ohne Scheuklappen und Dogmatismus«.[319] Es soll somit eine Einladung an alle ergehen, mitzumachen und an der großen Aufgabe der Transformation des Landes teilzunehmen. Dazu sollen die überkommenen Rituale von Regierung und Opposition, von Gewinnern und Verlierern überwunden werden, denn diese würden den gegenwärtigen Herausforderungen nicht gerecht.[320]

Dennoch legen die Grünen ein umfangreiches Programm mit zahlreichen Vorhaben und Zielen vor, das darauf schließen läßt, daß die Partei als solche durchaus den Weg in der nächsten Regierung weisen will. Zentrale Ziele der Partei wird diese gewiß nicht aufgeben, weil sie in einem Diskurs anerkenne, daß »die anderen« doch recht haben.

Das Programm der Grünen ruht im Wesentlichen auf drei Säulen: Klimaschutz, Digitalisierung und Gleichstellung im Ergebnis, also die Repräsentanz von mindestens 50 Prozent Frauen in allen öffentlichen und

---

[319] vgl. Bündnis 90/Die Grünen: *Deutschland. Alles ist drin.* S. 257.
[320] vgl. ebd. S. 255.

privaten Einrichtungen und Organisationen.

Während die Union in ihrem Programm das Modernisierungsjahrzehnt ausgerufen hatte und hier besonders auf Wirtschaft und Digitalisierung setzte, rufen die Grünen in ihrem Programm das Jahrzehnt der sozial-ökologischen Transformation aus.[321] So verwundert es auch nicht, daß die Energie- und Verkehrswende einen prominenten Platz im Wahlprogramm der Grünen einnimmt.

Die Grüne wollen Energieverschwendung beenden und statt auf Kohle, Öl und fossilem Gas auf Sonnen- und Windenergie setzen. Hierbei sollen Strom, Wärme, Verkehr und Energie zusammengebracht werden.[322]

Wenn auch die Grünen in ihrem Programm anerkennen, daß Menschen auch weiterhin auf das Auto angewiesen sein werden, setzten sie sich für einen stärkeren Ausbau von Öffentlichen Personennahverkehr und Radwegen ein, um Deutschland zum Fahrradland zu machen.[323] Dabei soll auch die Bahn gestärkt und der Deutschland-Takt weiterentwickelt werden.[324] Die Verkehrswende soll auch über die Digitalisierung erreicht werden.[325]

Das Ziel der Grünen lautet im Hinblick auf die Motorisierung, daß ab 2030 nur emissionsfreie Autos zugelassen werden dürfen. Ebenfalls bis 2030 sollen bereits mindestens 15 Millionen emissionsfreie Fahrzeuge auf den Straßen sein.[326] Damit haben die Grünen ein ehrgeizigeres Ziel ausgegeben als jüngst die Europäische Union, die ab 2035 keine Fahrzeuge mit Verbren-

---

[321] vgl. ebd. S. 12.
[322] vgl. ebd. S. 13.
[323] vgl. ebd. S. 31f.
[324] vgl. ebd. S. 29.
[325] vgl. ebd. S. 32.
[326] vgl. ebd. S. 34.

nungsmotoren zulassen will.

Hinsichtlich des Flugverkehrs soll es nach der Pandemie keine Rückkehr zum unbegrenzten Wachstum des Flugverkehrs geben. Kurzstreckenflüge sollen überflüssig gemacht werden, indem das Bahnangebot mit Direkt- und Nachtzugverbindungen erweitert wird. Darüber hinaus soll das Fliegen nachhaltiger werden, indem auf fossile Treibstoffe verzichtet wird. Darüber hinaus setzen die Grünen darauf, daß sich Geschäftsreisen künftig durch Online-Konferenzen erübrigen.[327] Von einer von der INSM behaupteten »staatsreligiösen Verbieterei« kann an dieser Stelle, wie auch an weiteren von der INSM kritisierten Programmteile, nicht die Rede sein.

Der Güterverkehr soll von der Straße auf die Schiene gebracht werden oder auf Schiffe, die mit klimaneutralen Treibstoffen betrieben werden sollen.[328]

Die Grünen fordern eine naturnahe Waldbewirtschaftung, die gesunde Wälder hervorbringt, die mehr Kohlenstoff binden als freisetzen. Im Rahmen des Artenschutzes sollen Pestizide verringert oder ganz untersagt werden.[329]

Auch in der Landwirtschaft sehen die Grünen die Digitalisierung als Mittel, um die Landwirtschaft umwelt- und klimafreundlicher zu machen. Eine ökologische Landwirtschaft sich soll tiergerecht, gentechnikfrei und ohne chemisch-synthetische Pestizide entwickeln, kleinbäuerliche Strukturen gestärkt werden.[330] Das Patentrecht soll so gestaltet werden, daß Patente auf Lebewesen und ihre genetischen Anlagen nicht mög-

---

[327] vgl. ebd. S. 37f.
[328] vgl. S. 38f.
[329] vgl. ebd. S. 40f.
[330] vgl. ebd. S. 48.

lich sind.[331]

Die Grünen wollen Dumpingpreise und Bodenspekulationen entgegenwirken, um so ein auskömmliches Einkommen der Bauern zu sichern. Mehr Platz für Tiere soll das Tierwohl stärken, was artspezifisch verbindlich geregelt werden soll.[332]

In der Wirtschaftspolitik setzen sich die Grünen für eine sozial-ökologische Marktwirtschaft ein, für die der Staat die Rahmenbedingungen und Anreize setzen soll.[333] Hier soll der Staat mit ordnungspolitischen Regeln sicherstellen, daß Wachstum, Effizienz, Wettbewerb und Innovationen einen klimagerechten Wohlstand schaffen.[334] In einem Jahrzehnt der Zukunftsinvestitionen wollen die Grünen schnelles Internet schaffen, Spitzenforschung fördern und mit einem Gründungskapital die Gründung von Unternehmen sicherstellen, besonders durch Frauen, die bei Gründungen und Nachfolgen unterrepräsentiert seien.[335]

Überdies soll auch eine Strategie »Frauen in der Digitalisierung« umgesetzt werden, in deren Rahmen Frauen für sogenannte MINT-Studiengänge[336] und Ausbildungsberufe interessiert werden sollen. Die Vergabe von Fördermitteln soll auch den Frauenanteil einer Organisation oder eines Start-ups berücksichtigen.[337]

Auch hier noch einmal der Seitenhieb auf die INSM: von einer »Staatsreligion« kann hier nicht die Rede

---

[331] vgl. ebd. S. 50.
[332] vgl. ebd. S. 50ff.
[333] vgl. ebd. S. 58.
[334] vgl. ebd.
[335] vgl. ebd. S. 60ff.
[336] MINT = Mathematik, Informatik, Naturwissenschaften und Technik.
[337] vgl. Bündnis 90/Die Grünen: *Deutschland. Alles ist drin.* S. 77.

sein.

Frauenförderung wird bei den Grünen als eine Querschnittsaufgabe verstanden. Im Parteiprogramm finden sich somit vielfältige Punkt, in denen die Stärkung der Beteiligung von Frauen gefordert wird. Dies soll auch durch Quoten erfolgen, weil freiwillige Regelungen nichts gebracht haben. Diese sollen unter anderem festgelegt werden für Vorstände (mindestens ein Drittel der Vorstandssitze) und Aufsichtsräte der Unternehmen bei Neubesetzung (mindestens 40 Prozent).[338] Verstöße gegen Umwelt- und Sozialstandards sollen künftig im Rahmen des Wettbewerbsrechts als unlauterer Wettbewerb verfolgt werden können.[339]

Europäische Spitzenforschung soll vernetzt werden und die Bereichen Künstliche Intelligenz, Quantencomputing-, IT-Sicherheits- Kommunikations- und Biotechnologie sowie ökologische Batteriezellen gefördert werden.[340] Internetgiganten sollen reguliert werden und Unternehmen auch dann aufgespalten werden können, wenn eine zu große Marktmacht vorliegt.[341]

Das europäische Vorsorgeprinzip soll bei der Handelspolitik gewahrt werden. Die Welthandelsorganisation WTO soll reformiert werden und zu einer globalen Partnerschaft beitragen. Handelsabkommen sollen Klima, Umwelt und Verbraucher schützen sowie keine privaten Schiedsgerichte ermöglichen. Handelsabkommen, die dies nicht gewährleisten, wie das CETA-Abkommen, lehnen die Grünen ab.[342] Auch an dieser Stelle zeigt sich, daß die INSM in ihrer Kampagne die Ziele der Grünen verkürzt wiedergab, indem sie be-

---

[338] vgl. ebds. S. 67.
[339] vgl. ebd. S. 69.
[340] vgl. ebd. S. 75.
[341] vgl. ebd. S. 76.
[342] vgl. ebd. S. 80.

hauptete, die Grünen seien grundsätzlich gegen Handelsabkommen.

Bei Öffentlich-private Partnerschaften sollen die Verträge veröffentlicht werden. Im Verkehrsbereich sollen sie gesetzlich ausgeschlossen werden.[343]

In der Steuerpolitik sollen kleine und mittlere Einkommen durch die Anhebung des Grundfreibetrags der Einkommenssteuer entlastet und höhere Einkommen durch eine moderate Anhebung des Spitzensteuersatzes belastet werden. Steuerfreiheit für verschiedene Veräußerungsgewinne sollen abgeschafft und kleine Einkommen durch eine Kindergrundsicherung und das Energiegeld entlastet werden.[344] Hierzu sollen die Einnahmen aus dem nationalen CO_2-Preis für eine Senkung der EEG-Umlage sowie die Auszahlung eines Energiegeldes pro Kopf an die Bevölkerung zugegeben werden.[345] Für die Kindergrundsicherung sollen verschiedene kinderbezogene staatliche Leistungen zusammengefaßt und ausgezahlt werden.[346]

Die digitale Bildung der Kinder soll gestärkt und zugleich sollen die Kinder vor Gewalt und Mobbing im Netz geschützt werden. Mit Hilfe einer KinderZeit Plus soll das Elterngeld auf 24 Monate ausgeweitet und so mehr Zeit für Familien geschaffen werden.[347]

Der Mindestlohn soll auf zwölf Euro angehoben und der Niedriglohnsektor ausgetrocknet werden. Auch das Kurzarbeitergeld soll angehoben werden als eine Lehre aus der Corona-Pandemie, die gezeigt habe, daß insbesondere für Arbeitnehmer/innen mit niedrigen Gehältern das Kurzarbeitergeld zu niedrig ist. Darüber hin-

---

[343] vgl. ebd. S. 90.
[344] vgl. ebd. S 91f.
[345] vgl. ebd. S. 20.
[346] vgl. ebd. S. 98.
[347] vgl. ebd. S. 100f.

aus soll die Tarifbindung von Unternehmen gestärkt und die Gründung von Betriebsräten erleichtert werden.[348]

Hartz IV soll durch eine »Garantiesicherung« ersetzt werden, die höhere Nebenverdienst anrechnungsfrei ermöglicht und auf entwürdigende Sanktionen verzichten. Zugleich werden Modellprojekte zur Einführung eines bedingungslosen Grundeinkommens begrüßt und unterstützt. Ausbildung und Qualifizierung soll der Vermittlung in prekäre Arbeitsverhältnisse ersetzen.[349]

In der gesetzlichen Rentenversicherung streben die Grünen ein Rentenniveau von mindestens 48 Prozent an. Die gesetzliche Rente soll durch eine erhöhte Frauenerwerbstätigkeit, staatliche Zuschüsse und die Überwindung prekärer Beschäftigungsverhältnisse stabilisiert werden. Daneben wollen die Grünen einen Bürgerfonds für die Rente einrichten, der eine private Absicherung unabhängig der kurzfristigen Orientierung der Märkte schaffen soll.[350]

Im Bereich der Krankenversicherung plädieren die Grünen für eine Bürgerversicherung, in die auch Beamt/innen, Selbständige, Unternehmer/inne und Abgeordnete einzahlen sollen.[351] Krankenhäuser sollen besser finanziert und der Trend zu deren Privatisierung umgekehrt werden.[352] Auch im Gesundheitswesen streben die Grünen eine Erhöhung des Frauenanteils in den Führungsgremien durch eine paritätische Frauenquote an.[353]

---

[348] vgl. ebd. S. 103ff.
[349] vgl. ebd. S. 111f.
[350] vgl. ebd. S. 114f.
[351] vgl. ebd. S. 123.
[352] vgl. ebd. S. 119.
[353] vgl. ebd. S. 122.

Um die Pflege zu verbessern streben die Grünen die Ermöglichung einer 35-Stunden-Woche an sowie die Streichung von Ausnahmen im Arbeitszeitgesetz. Die Pflegeversicherungen sollen ausschließlich mit Anbietern zusammenarbeiten, die Tariflöhne zahlen.[354]

Bezahlbare Mieten sollen durch einen Mietengipfel erreicht werden, an dem neben Bund, Ländern und Gemeinden auch Vertreter von Mietern und der Wohnungswirtschaft beteiligt werden. Die Mittel für den sozialen Wohnungsbau sollen erhöht und Wohnungsbestände nicht mehre an private Investoren veräußert werden. Darüber hinaus sollen Mieterhöhungen auf 2.5 Prozent im Jahr begrenzt und die Modernisierungsumlage auf maximal 1.50 Euro pro Quadratmeter reduziert werden, um somit Warmmietenneutralität zu ermöglichen. Spekulationen mit Bauland sollen unterbunden, Veräußerungsgewinne aus Immobiliengeschäften angemessen besteuert werden.[355]

In der Bildungspolitik streben die Grünen einen individuellen Rechtsanspruch auf Ganztagsbildung mit multiprofessionalen Teams für jedes Grundschulkind an. Auch hier soll die Digitalisierung vorangebracht und die Lehrkräfte entsprechend weitergebildet werden.[356]

Auch das Studium soll durch eine Reform der Ausbildungsförderung gestärkt werden.[357] Der Übergang in die Wissenschaft soll durch unbefristete Berufswege neben der Professur erleichtert werden.[358]

Die Grünen streben digitale Ämter mit barrierefreien E-Goverment-Dienstleistungen an, wofür die Verwaltungen modernisiert und Schriftformerfordernisse

---

[354] vgl. ebd. S. 128.
[355] vgl. ebd. S. 130ff.
[356] vgl. ebd. S. 146ff.
[357] vgl. ebd. S. 152.
[358] vgl. S. 157f.

abgebaut werden sollen. Der digitale Austausch von Unterlagen soll unter Beachtung des Datenschutzes möglich sein und Behördengänge mit dem Smartphone ermöglicht werden (Personalausweis auf dem Smartphone). Wer in der neuen digitalen Welt nicht zurechtkommt, soll Weiterbildung und Hilfe erhalten.[359]

Der Schutz vor Diskriminierung soll gestärkt werden, indem ein Gewährleistungsanspruch im Grundgesetz verankert und der Begriff »Rasse« dort ersetzt wird. Das Allgemeine Gleichbehandlungsgesetz (AGG) soll zu einem Bundesantidiskriminierungsgesetz erweitert und bestehende Ausnahmen beseitigt werden.[360] Der Schutz der Menschen vor Diskriminierung aufgrund ihrer geschlechtlichen und sexuellen Identität soll durch eine Ergänzung des Art. 3 Abs. 3 des Grundgesetzes verbessert werden. Darüber hinaus soll das Transsexuellengesetz aufgehoben und die Änderung Geschlechtseintrages ohne psychologische Zwangsgutachten ermöglicht werden.[361]

Die Grünen setzen sich für eine Reform des Wahlrechts ein, in deren Rahmen die Zahl der Wahlkreise reduziert und über eine Begrenzung der Amtszeit für das Amt des Bundeskanzlers sowie eine verlängerte Wahlperiode nachgedacht werden soll. Längere Wahlperioden bedeuteten weniger demokratische Kontrolle, weil zwischen den Wahlen längere Zeiträume liegen. Dieses Defizit wollen die Grünen durch Bürgerräte ausgleichen, deren Zusammensetzung ausgelost werden soll. Darüber hinaus sollen die Regeln für Abgeordnete hinsichtlich der Nebenverdienste verschärft und Parteispenden begrenzt werden.[362]

---

[359] vgl. 163f.
[360] vgl. ebd. S. 170.
[361] vgl. ebd. S. 192f.
[362] vgl. ebd. S. 176ff.

Im Staatsangehörigkeitsrecht wollen die Grünen die Einbürgerung erleichtern und auch auf anerkannte Flüchtlinge ausdehnen. Dabei soll auch eine Mehrstaatlichkeit anerkannt werden. In der Frage der Zuwanderung sollen Verfahren erleichtert und für Menschen ohne sicheren Aufenthaltstitel ein echter Spurwechsel ermöglicht werden.[363] Die sogenannten, von der CSU durchgesetzten AnkER-Zentren werden ebenso abgelehnt wie die Ausrufung sicherer Drittstaaten. Abschiebungen in Kriegs- und Krisenländer sollen beendet werden.[364]

In der inneren Sicherheit wollen die Grünen den Schutz für »Whistleblower«, also Personen aus Unternehmen heraus auf Mißstände hinweisen, verbessern. Die undifferenzierte Ausweitung der Videoüberwachung wird abgelehnt.[365] Die Polizei soll im Bereich der Digitalisierung besser ausgestattet und ausgebildet werden. Zugleich soll die Gefahr von Racial Profiling, also willkürliche Kontrollen nach Gesichtspunkten der ethnischen Herkunft, bekämpft und wissenschaftliche Studien zu Rechtsextremismus in den Strafverfolgungsbehörden in Auftrag gegeben werden.[366]

Darüber hinaus soll Europa und die internationale Zusammenarbeit gestärkt werden, insbesondere auch im Hinblick auf Digitalisierung und Bürgernähe.

Geflüchtete sollen in Europa besser verteilt werden und sichere Fluchtwege nach Europa geschaffen werden, damit sich Asylsuchende nicht in Lebensgefahr begeben müssen.[367]

Im Bereich der Rüstung plädieren die Grünen für Abrü-

---

363 vgl. ebd. S. 183f.
364 vgl. ebd. S. 186f.
365 vgl. ebd. S. 199f.
366 vgl. ebd. S. 194f.
367 vgl. ebd. S. 238ff.

stungsverhandlungen im konventionellen wie im atomaren Bereich. Ziel ist ein Deutschland ohne Atomwaffen. Rüstungsexporte sollen reduziert und autonome tödliche Waffensysteme geächtet werden.[368]

Der freiwillige Wehrdienst im von Verteidigungsministerin Kramp-Karrenbauer geschaffenen »Heimatschutz« soll beendet und der Einsatz von bewaffneten Drohnen diskutiert werden, bevor darüber entschieden werden kann. Das Ziel, zwei Prozent des Bruttoinlandsprodukts für Rüstung auszugeben (2-Prozent-Ziel der NATO) wird abgelehnt.[369]

Das Wahlprogramm der Grünen enthält zahlreiche weitere Vorschläge und Ziele, deren Nennung den Rahmen dieses Buches sprengen würde. Wesentliche Inhalte wurden genannt auch im Hinblick darauf, diese nun anschließend bezüglich der zur Debatte stehenden Koalitionsoptionen zu diskutieren.

cui bono?

Die Wahlprogramme wirken sich für die Wähler/innen unterschiedlich aus. Dies zeigt auch schon die hier präsentierte Zusammenfassung der Wahlprogramme. Dieser Frage ging auch die Süddeutsche Zeitung auf den Grund, als sie beim Zentrum für Europäische Wirtschaftsforschung (ZEW) eine Studie zu den finanziellen Auswirkungen der Wahlprogramme auf die Haushalte in Auftrag gab. Dabei konzentrierten sich die Forscher auf die Steuer-, Sozial und Familienpolitik.

Heraus kam, daß SPD, Grüne und Linke besonders die Haushalte mit niedrigen Einkommen entlastet, während CDU und FDP die Gutverdiener entlasten. Dies führe dazu, daß sich die Kluft zwischen Arm und Reich

---

[368] vgl. ebd. S. 249f.
[369] vgl. ebd. S. 253f.

nach den Vorschlägen von SPD, Grüne und Linke verkleinere, während sie sich nach den Programmen von CDU und FDP vergrößere.[370]

Hinzu komme, daß nach den Plänen von SPD, Grünen und Linkspartei dem Staat unter dem Strich Mehreinnahmen entstünden, während Union und FDP den Fehlbetrag in der Staatskasse vergrößern würden.[371]

Haushalte von Alleinstehenden mit einem Bruttoeinkommen von 20 000 Euro pro Jahr würden bei der Linkspartei 1 210 Euro hinzubekommen, bei der SPD 0, bei den Grünen 110 Euro und bei der Union 70 Euro und bei der FDP 280 Euro. Verdient der alleinstehende Haushalt im Jahr 300 000 Euro, würde er nach den Plänen der Linkspartei 139 340 Euro weniger haben, bei der SPD liefe ein Minus von 11 440 auf, bei den Grünen, ähnlich wie bei der SPD, ein Minus von 11 690 Euro. Hingegen gäbe es bei der Union ein Plus von 8 310 und bei der FDP ein Plus von 12 400 Euro.[372] »Damit würde die Union Gutverdiener prozentual vier Mal so stark entlasten wie knapp 80 Prozent der steuerpflichtigen Bevölkerung, für die sie weniger Finanzplus vorsieht«.[373]

Während also bei SPD, Grünen und Linkspartei Mehreinnahmen für den Staat entstünden, verursachten die Pläne von Union und FDP Verluste für den Bundeshaushalt. Dabei fällt auf, daß sich Union und FDP auf Wachstumseffekte verlassen, die ihre Pläne gegenfinanzieren sollen, ohne Berechnungen vorzulegen, wie

---

[370] vgl. Gammelin, Cerstin und Alexander Hagelüken: *Was die Wahl für das eigene Konto bedeutet.* Süddeutsche Zeitung, 08.07.2021, S. 15.
[371] vgl. ebd.
[372] vgl. ebd. Graphik oberhalb des Artikels.
[373] Gammelin, Cerstin und Alexander Hagelüken: *Wer profitiert, wer verliert?* Süddeutsche Zeitung, 08.07.2021, S. 1.

diese entstehen sollen.[374]

Die beziehe sich allerdings auf die genannten Bereiche der Steuer-, Sozial und Familienpolitik, während weitere Effekte des Wahlprogramms unbeachtet blieben.[375]

Diese Ergebnisse überraschen vom Grundsatz her nicht, entsprechen sie doch den grundsätzlichen Erwartungen, die an die betreffenden Parteien gestellt werden. Neben diesen Ergebnissen lassen sich aus den Wahlprogrammen auch ohne vertiefte Berechnungen Gewinner und Verlierer herauslesen, je nachdem, welche Partei sich mit ihren Programmen durchsetzt.

Wer auf staatliche Unterstützung angewiesen ist, dürfte es unter einer Regierung aus Union und FDP schwerer haben als unter einer rot-grünen Regierung. Auch in der Frage der Flüchtlingspolitik zeigt die Union hier eine deutlich härtere Linie, was sich auch auf die Aussicht von Flüchtlingen auswirken dürfte, die hier zu bleiben hoffen.

Auch in weiteren Bereichen der Gleichstellung bestehen deutliche Unterschiede, so daß auch hier Gewinner und Verlierer zu identifizieren wären, je nachdem, welche Partei nach der Wahl mit ihrem Programm Erfolg hat in den wahrscheinlichen Koalitionsverhandlungen. Und daß es Koalitionsverhandlungen geben wird, dürfte der einzige Punkt sein, der jetzt schon verläßlich feststeht.

---

[374] vgl. ebd.
[375] Gammelin, Cerstin und Alexander Hagelüken: *Was die Wahl für das eigene Konto bedeutet.* Süddeutsche Zeitung, 08.07.2021, S. 15.

Koalitionsoptionen

Was also folgt nun aus den Programmen der Parteien zur Bundestagswahl? Auf den ersten Blick fällt auf, daß die Gemeinsamkeiten zwischen SPD und Grünen deutlich größer sind als zwischen CDU/CSU und Grünen.

Dies tritt besonders in der Inneren Sicherheit, bei der Frage der Einwanderung, der Gleichstellung von Frauen und bei der sozialen Sicherung hervor. Während die Union kein Wort über rechtsextreme Vorfälle bei Polizei und Bundeswehr verlieren, versprechen SPD und Grüne in ihren Wahlprogrammen, diesen Tendenzen entgegenzuwirken.

Die Gleichstellung der Frau spielt für die Union durchaus auch einen Rolle, dies aber deutlich weniger stark als bei SPD und Grünen. Während SPD und Grüne in ihren Programmen die Rechte von Schwulen, Lesben und Transsexuellen stärken wollen, finden diese im Unionsregierungsprogramm keine Erwähnung.

Im Bereich der sozialen Sicherungssysteme wollen SPD und Grüne die (von ihnen selbst herbeigeführten) Folgen von Hartz IV überwinden, während die Union erklärt, an den Sanktionen festhalten zu wollen. SPD und Grüne befürworten eine Bürgerversicherung im Bereich der Krankenversicherung, während die Union dies ablehnt. SPD und Grüne wollen eine Vermögenssteuer und eine generell stärkere Besteuerung von Vermögen, die Union lehnt Steuererhöhungen grundsätzlich ab.

SPD und Grüne stehen für Abrüstung, während die Union auf atomare Abschreckung setzt, die eigentlich ein Konzept des Kalten Krieges ist. Die Union bekennt sich zum Zwei-Prozent-Ziel der NATO, während die Grünen dies ablehnen und die SPD sich dazu im Wahlprogramm nicht äußert.

All diese Positionen legen nahe, daß Koalitionsverhandlungen zwischen Union und Grünen für beide Seiten ein sehr begrenztes Vergnügen würden und sich die Kompromißsuche nach der Wahl erheblich länger hinziehen würde, als dies in Verhandlungen zwischen Grüne und SPD der Fall wäre. Dies läßt sich anhand der Wahlprogramme sagen, auch wenn die Grünen immer wieder Wert darauf legen, keinen Lagerwahlkampf führen zu wollen. Gemessen an den Wahlprogrammen handelt es sich durchaus um einen Lagerwahlkampf. Besser gesagt handelt es sich um einen Richtungswahlkampf, bei dem zwar die grundsätzliche Notwendigkeit einer Politik zur Rettung des Klimas und zur Bewältigung der Folgen der Corona-Krise von allen Seiten anerkannt wird, gleichwohl sich aber die Konzepte erheblich unterscheiden – auch wenn von Politikverdrossenen und anderen, die daran ein Interesse haben, immer wieder gerne behauptet wird, alle Parteien unterschieden sich praktisch nicht mehr.

Nun sieht es nach den Umfragen gegenwärtig danach aus, als reichte es bei der kommenden Bundestagswahl weitgehend für ein Zweierbündnis nicht. Hier wird sich am Wahlabend zeigen, welche weiteren Optionen möglich sein werden. Dabei gilt das oben gesagte jedoch auch für eventuelle rot-rot-grüne, rot-grün-gelbe oder schwarz-grün-gelbe Koalitionen. Union und FDP stehen einander programmatisch näher, ebenso wie SPD, Grüne und Linkspartei. Die Einbeziehung der FDP in eine rot-grüne Koalition dürfte die gleichen Probleme mit sich bringen wie eine Koalition zwischen Union und Grüne. Und inwieweit die Grünen ihre Ziele in Koalitionsverhandlungen mit Union und FDP auf der anderen Seite durchsetzen könnten, dürfte auch ausgesprochen fraglich sein.

Angesichts der Gemeinsamkeiten zwischen SPD und Grüne auf der einen und der Linkspartei auf der anderen Seite befremdet der Abgrenzungskurs von SPD und Grünen gegenüber der Linkspartei durch. Auch die Kanzlerkandidatin der Grünen, Annalena Baerbock, erklärte gegenüber der Süddeutschen Zeitung im Interview, daß die Linkspartei nicht regierungsfähig sei. Baerbock wolle eine Regierung, die »im Herzen proeuropäisch schlägt und Verantwortung in der Welt übernimmt.«[376] Hier habe sich die Linke in den letzten Wochen ins Abseits gestellt, ließ die Kanzlerkandidatin der Grünen wenige Tage vor der Wahl wissen.

Obgleich eigentlich SPD und Grüne auf Abrüstung setzten, verlangten sie von der Linkspartei als Beweis für ihre Regierungsfähigkeit ein Bekenntnis zur NATO – wissend, daß dies innerhalb der Linkspartei wohl kaum in der geforderten Form mehrheitsfähig war. Diese Forderung wurde bereits zu einer Zeit aufgestellt, in der der Angriff Rußlands auf die Ukraine nicht absehbar war. Daß ein solches Hindernis bereits im Vorfeld der Wahl aufgestellt wurde ließ darauf schließen, daß die wesentliche Akteure bei SPD und Grünen für sich eine Koalition mit der Linkspartei längst ausgeschlossen hatten, noch bevor überhaupt klar war, ob ein solches Bündnis bei der Wahl eine Mehrheit erreichen könnte.

Ohnehin hat sich das Parteiensystem in den letzten Jahren sehr verändert und die Bildung eines Zwei-Parteien-Bündnisses erschwert oder gar bisweilen die Regierungsbildung überhaupt unmöglich gemacht, wie Thüringen zu sehen war und ist.

Mit einem solch drastischen Ergebnis dürfte auf Bundesebene jedoch nicht zu rechnen sein. Den gegenwärtigen Deutschland-Trend der ARD zugrunde gelegt (Juli 2021) könnte mit einer Koalition aus CDU/CSU und

---

[376] vgl. Kornelius, Stefan und Robert Rossmann: *Baerbock distanziert sich von der Linken.* Süddeutsche Zeitung, 14.09.2021, S. 1.

Grüne sogar ein Zwei-Parteien-Bündnis geschlossen werden, also rein rechnerisch. Knapp würde eine sogenannte »Ampel-Koalition« aus SPD, Grüne und FDP – sie hätte einen genauso großen Anteil an Abgeordneten wie CDU/CSU, Linke. und AfD zusammen - abhängig von der Sitzverteilung im Einzelnen.[377]

Über eine Mehrheit würde darüber hinaus ein Bündnis aus CDU/CSU, SPD und FDP verfügen, was allerdings politisch wohl eher nicht funktionieren würde, zumal es erklärter Wille der Sozialdemokraten ist, nicht noch einmal mit der Union zu regieren. Eine rot-rot-grüne Koalition hätte nach gegenwärtigem Deutschland-Trend keine Mehrheit im Parlament.[378]

Bei aller Unterschiedlichkeit der Programme haben sich die Parteien, die eine mehr ohne weniger große Chance auf eine Kanzlerschaft haben, dafür entschieden, bürgerlich-konservative Kandidat/innen aufzustellen. Annalena Baerbock, Armin Laschet und Olaf Scholz sind Kandidat/innen der politischen Mitte. Sie repräsentieren die programmatischen Unterschiede, die insbesondere zwischen Union auf der einen und SPD und Grüne auf der anderen Seite nicht. Persönlich-politisch sind sie ein Angebot an die gleiche Wählerklientel. Das ist bedauerlich, denn wenn zwischen den Kandidat/innen auch politisch größere Unterschiede bestanden hätten, wäre die Wahl spannender geworden. So bleiben allenfalls die Unterschiede in der Persönlichkeit.

---

[377] vgl. https://www.tagesschau.de/inland/deutschlandtrend/deutschlandtrend-2683.html (zuletzt aufgerufen: 11.12.2022).
[378] vgl. ebd.

Die »heiße Wahlkampfphase«

In der sogenannten »heißen Wahlkampfphase« wendete sich das Blatt in den Umfragen für die SPD.

Sonntagsfrage Januar bis September 2021

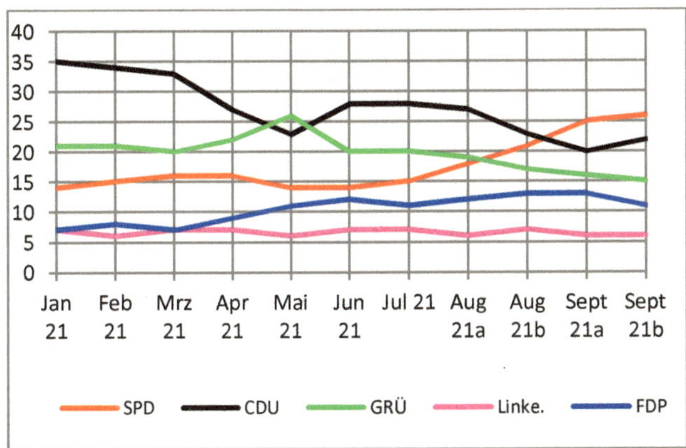

Quelle der Zahlen: Deutschlandtrend der ARD 2021 (https://www.tagesschau.de/inland/deutschlandtrend/archiv/2021/ [Zuletzt aufgerufen: 11.12.2022] Ab August erfolgten jeweils zwei Deutschland-Trends pro Monat bis zur Wahl im September 2021.)

Während zu Beginn des Jahres die Sozialdemokraten sich um die 15 Prozent bewegten, begann im Juli der Aufstieg und im August zogen die Sozialdemokraten an der Union vorbei. Angesichts der Umfragewerte aus dem Januar, als die Union bei 35 Prozent und die SPD lediglich bei 15 Prozent lagen, kann von einer Aufholjagt gesprochen werden, die jedoch durch den Abstieg der Union begünstigt wurde.

Nicht nur der Abstieg der Union und der Zugewinn der SPD von rund zehn Prozentpunkten, auch die Verluste bei den Grünen dürften dazu beigetragen haben, daß die Sozialdemokraten am Wahlabend knapp stärkste Kraft wurden.

Lag die Union im ersten Deutschlandtrend der ARD im August 2021 noch deutlich vor SPD, zeigte der zweite Deutschlandtrend im August ein Kopf-an-Kopf-Rennen, während der erste Deutschlandtrend im September die SPD vor der Union zeigte, was sich im zweiten Deutschlandtrend fortsetzte. Das Wahlergebnis selbst wurde dann jedoch knapper als es die Umfragen im Vorfeld der Wahl zeigten, wie im Kapitel »Nach der Bundestagswahl« zu sehen sein wird.

Beigetragen zu dieser Entwicklung dürfte dabei nicht nur das Gezerre um die Kanzlerkandidatur der CDU/CSU haben, welches Amin Laschet schwächte und ihm einen schlechten Start in den Wahlkampf bescherte. Auch diverse Fehler der Unionsparteien während des Wahlkampfes – und hier auch insbesondere des Spitzenkandidaten Laschets – trugen dazu bei, daß sich in den letzten beiden Monaten vor der Wahl der Abstand zur SPD verkleinerte und die Sozialdemokraten die Union auf der Schlußgeraden noch überholen konnten.

Die Themen der heißen Wahlkampfphase

In der heißen Wahlkampfphase stand weiterhin das Thema Corona-Pandemie und wie mit ihr umzugehen sei im Mittelpunkt. Hinzu kam die Flutkatastrophe im Ahr-Tal, die auch das Thema Klimaschutz wieder stärker in den Vordergrund rückte.

Außenpolitisch dominierte das Desaster des Westens in Afghanistan, das von den Taliban in einem unerwartet hohen Tempo zurückerobert wurde. Der panikartige Abzug der westlichen Streitkräfte sowie die mangelnde Hilfe für die afghanischen Ortskräfte standen im Mittelpunkt der öffentlichen Aufmerksamkeit und brachten zudem die Rüstungspolitik sowie die Rolle Deutschlands in der Außenpolitik in den Wahlkampf ein.

Corona im Wahlkampf

In der Corona-Politik lehnte die Bundesregierung, bei einem Besuch des Robert-Koch-Instituts im Juli vertreten durch den Gesundheitsminister Jens Spahn und Bundeskanzlerin Angela Merkel (beide CDU) eine allgemeine Impfpflicht ab. Zugleich wurde abermals betont, daß eine höhere Impfquote mehr Freiheit bedeute, was eine Wiederholung des Versprechens war, das Land könne sich aus der Pandemie »herausimpfen«.[379] Zugleich brachte Marks Söder den Vorschlag ins Spiel, daß die Schnelltests für Bürger/innen nicht mehr kostenlos angeboten werden sollten, sobald alle Bürger/innen die Möglichkeit zur Impfung hätten. Dies könnte, so Söders Gedankengang, auch Druck auf die Impfunwilligen erhöhen.[380]

Weil die Zahl der Corona-Infektionen auch bei jüngeren Menschen anstieg, entschloß sich die Regierung im August auch die Impfung von Zwölf bis 17jährigen zu empfehlen. Weil aber zu wenig wissenschaftliche Daten über die Impfung von Jugendlichen vorlägen, wollte die Ständige Impfkommission diesbezüglich keine Empfehlung geben, was zu einem Konflikt mit der Politik führte.[381]

Zudem wurden Auffrischungsimpfungen (die später als »Booster« bezeichnet wurden) beschlossen, mithin

---

[379] vgl. Slavik, Angelika: *Bundesregierung lehnt Impfpflicht ab.* Süddeutsche Zeitung, 14.07.2021, S. 1.
[380] vgl. ebd.
[381] vgl. Schneider, Jens: *Impfangebot für alle Jugendlichen.* Süddeutsche Zeitung, 03.08.2021, S. 1.

also eine dritte Impfung, die sechs Monate nach der ersten Impfserie mit den mRNA-Impfstoffen erfolgen sollte.[382] Es war überdies der Beginn des schleichenden Abschieds vom Impfstoff von Astra Zenica, der wegen seiner gravierenden Nebenwirkungen in die Kritik geriet.

Insbesondere war der Umgang mit Ungeimpften im Wahlkampf umstritten. Gesundheitsminister Spahn wollte, wie auch Bayerns Ministerpräsident Markus Söder, die Bürgertests kostenpflichtig machen, wenn allen Bürger/innen ein Impfangebot gemacht werden könne, und dafür sei nun genug Impfstoff vorhanden. Weitere Lockdowns seien nicht notwendig, so Spahn.[383] Die FDP sah durch die geplanten Härten für Ungeimpfte die Einführung einer Impfpflicht durch die Hintertür.[384]

Kurz vor der Bundestagswahl zeichneten sich Verschärfungen für Ungeimpfte ab. Viele Bundesländer kündigten an, den Zutritt zu bestimmten Einrichtungen nur noch für Geimpfte und Genesene zu ermöglichen (sogenannte 2G-Regelung), was zur Folge hatte, daß auch ein negativer Test für den Zutritt nicht mehr ausreichte.[385] Die Regelungen wurden jedoch von Bundesland zu Bundesland unterschiedlich angewendet. Dieses Problem der uneinheitlichen Pandemiebekämpfung erschwerte die Bekämpfung des Corona-Virus von Anfang an. Weil die Gesundheitspolitik Ländersache war und die Landesregierungen sich hier auch nicht das Heft des Handelns nicht aus der Hand

---

[382] vgl. ebd.

[383] vgl. Burghardt, Peter, Andreas Glas und Henrike Rossbach: *Ungeimpfte müssen mit Härten rechnen.* Süddeutsche Zeitung, 05.08.2021, S. 1.

[384] vgl. ebd.

[385] vgl. Burghardt, Peter u.a.: *Für Ungeimpfte wird es schwerer.* Süddeutsche Zeitung, 15.09.2021, S. 1.

nehmen lassen wollten, galten in allen Bundesländern – bis auf die Zeit der Bundesnotbremse – stets unterschiedliche Regelungen bei der Bekämpfung des Virus.

Im der Zeit vor der Wahl gewann der SPD-Gesundheitspolitiker Karl Lauterbach an Profil in Fragen der Pandemiebekämpfung und als sozialdemokratischer Gegenpart zu Jens Spahn, was dazu beigetragen haben dürfte, daß Olaf Scholz nach der gewonnenen Wahl an Lauterbach als Gesundheitsminister nicht vorbei kam. Hinzu kam Lauterbachs Qualifikation als Mediziner und Wissenschaftler.

Unmittelbar vor der Bundestagswahl einigten sich die Gesundheitsminister der Länder darauf, bei behördlich angeordneter Quarantäne die Lohnfortzahlung im Krankheitsfall für Ungeimpfte entfallen zu lassen. Spahn betonte, daß die Entscheidung für eine Impfung freiwillig bleiben solle, gleichwohl aber Geimpfte nicht für die freie Entscheidung Ungeimpfter, sich nicht impfen zu lassen, mitzahlen sollten. Somit bleibe die Lohnfortzahlung nur in Fällen tatsächlicher Erkrankung bestehen.[386]

Eine gewisse Widersprüchlichkeit, die die Bekämpfung der Pandemie seit Zulassung der Impfung durchzog, lag in genau diesem Beharren auf die Freiwilligkeit der Impfung bei gleichzeitiger Betonung, wie wichtig doch eine hohe Impfquote für die Wiedergewinnung der Freiheit sei. Obwohl die Politik also die Impfung für einen wichtigen Baustein in der Bekämpfung des Corona-Virus hielt, schreckte sie davor zurück, die Impfung für alle Menschen verpflichtend zu machen. Daß auch die neue Regierung nach der Wahl bei dem Versuch, eine allgemeine Impfpflicht einzuführen, scheiterte, lag grundsätzlich zum einen an der FDP, die sich

---

[386] vgl. Slavik, Angelika: *Ende der Lohnfortzahlung für Ungeimpfte.* Süddeutsche Zeitung, 23.09.2021, S. 1.

in weiten Teilen einer solchen Impfpflicht verweigerte. Zugleich wurde es den Freien Demokraten durch eben dieses Versprechen der Politik, keine Impfpflicht einzuführen, leichtgemacht, den Kurswechsel in der Pandemiebekämpfung zu verhindern. Nicht zu Unrecht dürfte dieser Umstand als ein Erbe Jens Spahns zu betrachten sein.

Im November und Dezember 2021 stieg die Zahl der Neuinfektionen wieder dramatisch an. In beiden Monaten überschritten die Zahlen der Neuinfektionen jeweils die Grenze von einer Million. Übertroffen werden sollten diese Zahlen jedoch in dramatischer Weise insbesondere zu Beginn des Jahres 2022 mit dem Höhepunkt im März, als das RKI 6 359 402 Neuinfektionen meldete. Die Frage nach Art und Ausmaß der Maßnahmen blieb auch nach der Bundestagswahl umstritten.

Durchsuchung im Finanzministerium

Am 9. September 2021 durchsuchten Beamte der Staatsanwaltschaft Osnabrück Räume des Bundesfinanz- und Bundesjustizministeriums, die beide SPD-geführt waren, ersteres durch den Kanzlerkandidaten Olaf Scholz. Die Durchsuchung richtete sich gegen Beamte der Anti-Geldwäsche-Spezialeinheit Financial Intelligence Unit (FIU) des Zolls und drehte sich um den Verdacht der Strafvereitelung im Amt.[387] Die Maßnahme, die gut zweieinhalb Wochen vor der Bundestagswahl stattfand, sollten klären, »ob und gegebenenfalls inwieweit die Leitung sowie Verantwortliche der Ministerien sowie vorgesetzte Dienststellen in Entscheidungen der FIU eingebunden waren«.[388]

---

[387] vgl. Diesteldorf, J. und Cerstin Gammelin: *Hausbesuch.* Süddeutsche Zeitung, 10.09.2022, S. 17.
[388] ebd.

Weil das zuständige niedersächsische Justizministe-
rium in der Hand der CDU ist, glaubten die Sozialdemokraten hier nicht an einen Zufall[389] und auch Armin
Laschet erhob im Zusammenhang mit der Durchsuchung während des Triells Vorwürfe gegen Olaf Scholz.
Dabei war nur in der Pressemitteilung der Staatsanwaltschaft die Rede von einem möglichen Leitungsver-
sagen, während im Durchsuchungsbeschluß lediglich
von der Identifizierung der beteiligten FIU-Mitarbeiter
die Rede war.[390] Nicht nur das Ministerium in Niedersachsen war CDU-geführt, auch der Oberstaatsanwalt
Bernard Südbeck war CDU-Mitglied.[391]

Der knappe Zeitpunkt vor der Wahl erschwerte es der
SPD, die Sache zu klären und war geeignet dafür zu
sorgen, daß ein unzutreffendes Bild entstand und etwas an Scholz hängenblieb. Dabei hatte sein Ministerium nicht die Fachaufsicht über die FIU sondern lediglich die Rechtsaufsicht, was bedeutet, daß das Ministerium auf die Handlungen der Behörde keinen Einfluß hat.[392]

Im November 2022 gelangte das Landgericht Osnabrück zu der Auffassung, daß die Durchsuchung im
Finanzministerium unzulässig war. Neben anderen
Fehlern hätte die Staatsanwaltschaft das Finanzministerium zunächst um die Herausgabe der Unterlagen
ersuchen müssen, zumal es keinen Grund für die Annahme gegeben hätte, daß das Finanzministerium
diese nicht herausgegeben hätte.[393] Anläßlich dieses

---

[389] vgl. ebd.

[390] vgl. Burghardt, Peter und Cerstin Gammelin: *Rätsel um die Pressemitteilung*. Süddeutsche Zeitung, 15.09.2021, S. 6.

[391] vgl. ebd.

[392] vgl. ebd.

[393] vgl. *Gericht: Durchsuchung im Finanzministerium war rechtswidrig.* NDR.de
https://www.ndr.de/nachrichten/niedersachsen/osnabrueck_emsla
nd/Gericht-Durchsuchung-im-Finanzministerium-war-

Urteils betonte die SPD erneut, daß die Durchsuchung so kurz vor der Bundestagswahl einen Machtmißbrauch des CDU-geführten Landesjustizministeriums nahelege.[394] Inwieweit dieser Vorgang Einfluß auf den Ausgang der Bundestagswahl hatte, ist schwer einzuschätzen.

Das Hochwasser im Ahr-Tal

Mit der Hochwasserkatastrophe im Ahr-Tal gewann das Thema Klimawandel weiter an Bedeutung im Wahlkampf. Daß die zunehmenden Wetterextreme auf den Klimawandel zurückzuführen seien, ist allgemein anerkannt und wird allenfalls noch von der AfD bestritten.

Mitte Juli kam es zu Starkregenfällen in Nordrhein-Westfalen und Rheinland-Pfalz, die zu erheblichen Schäden und Verlusten von Menschenleben führten. Massive Überschwemmungen machten Häuser unbewohnbar. Der Wiederaufbau der betroffen Ortschaften dürfte sich über Jahre hinziehen.

In dieser Situation sagten die Ministerpräsidenten der betroffenen Länder, Malu Dreyer (SPD) in Rheinland Pfalz und der Kanzlerkandidat Armin Laschet als Ministerpräsident von Nordrhein-Westfalen schnelle Hilfen zu. Auch Finanzminister Olaf Scholz besuchte die betroffenen Gegenden, ebenso der Bundespräsident Frank-Walter Steinmeier.

Scholz und Laschet sagten den betroffenen Regionen Hilfe zu. »Aber das, was man mit Geld in Ordnung bringen kann, das werden wir mit Geld in Ordnung bringen«,[395] versprach Olaf Scholz. Ein Bundesgesetz

---

rechtswidrig,durchsuchung282.html (zuletzt aufgerufen: 11.12.2022).
[394] vgl. ebd.
[395] Fried, Nico und Jana Stegmann: *Milliardenschweres Versprechen.* Süddeutsche Zeitung, 04.08.2021, S. 1.

solle den Wiederaufbau regeln.[396]

In solchen Fragen nach einer Katastrophe waren zwischen den konkurrierenden Parteien keine wesentlichen Unterschied in der Bewertung und den Zusagen zu erwarten, zumal nicht zwei Monate vor einer Bundestagswahl. Gleichwohl aber bedeutete die Flutkatastrophe für Laschet den Beginn des Abschieds von seiner Chance, ins Kanzleramt einzuziehen. Als Krisenmanager agierte Laschet zuweilen schlecht vorbereitet, was in seinem deplazierten Lacher bei einer Veranstaltung in den betroffenen Gebieten gipfelte.[397]

Zugleich fiel auf, daß die Flutkatastrophe, die eigentlich mit dem Klimawandel und den damit zusammenhängenden Katastrohen eines der Kernthemen der Grünen berührte, diesen praktisch nicht half. Die Kurve der Grünen wies seit Mitte Juli ungebremst nach unten (vgl. Graphik S. 183). Dabei ist durchaus in Betracht zu ziehen, daß es Armin Laschet als Ministerpräsident und Olaf Scholz als Finanzminister waren, die verbindliche Zusagen für finanzielle Hilfen vor Ort machen konnten. Überraschend bleibt es trotzdem, daß das Thema Klimawandel, dessen Brisanz durch die Flutkatastrophe einmal mehr unterstrichen wurde, so wenig von den Grünen zu ihren Gunsten genutzt werden konnte.

Triell

Historisch, um diesen Begriff abermals zu bemühen, war bei Bundestagswahl 2021 der Umstand, daß es drei Kanzlerkandidat/innen gab. Zwar hatten auch schon in vorangegangenen Wahlen Parteien Kanzlerkandidaten aufgestellt, die jedoch mangels Chancen nicht zu den

---

[396] vgl. ebd.
[397] vgl. Herrmann, Boris und Robert Rossemann: *Neben der Spur.* Süddeutsche Zeitung, 06.08.2021, S. 6.

Wahlauseinandersetzungen im Fernsehen eingeladen wurden. Dies mußte auch Guido Westerwelle schmerzlich feststellen, der bei der Bundestagswahl 2002 als Kanzlerkandidat der FDP aufgestellt worden war mit dem Ziel, bei der Bundestagswahl 18 Prozent zu erreichen. Obwohl er von den Liberalen als Kanzlerkandidat für die Bundestagswahl aufgestellt wurde, lehnten es ARD und ZDF ab, ihn zum Fernsehduell einzuladen. Auch eine Klage Westerwelles vor dem Verwaltungsgericht Köln brachte keine Abhilfe, denn auch die Richter stellten fest, daß aus der Ernennung Westerwelles zum Kanzlerkandidaten rechtlich nichts folge, denn Kanzlerkandidat sei nur jener, der auch eine Chance habe, Kanzler zu werden.[398]

Dies stellte sich für die Grünen, wie oben bereits beschrieben, anders dar, denn die Umfragewerte deuteten zunächst durchaus auf eine reelle Chance hin, die Kanzlerkandidatin ins Kanzleramt zu bringen. Entsprechend zögerten die Medien nicht, auch sie neben den Kanzlerkandidaten Olaf Scholz und Armin Laschet zum Fernseh-Triell einzuladen. Hier hatten die Kandidat/innen - wie auch schon bei den Duellen zu den Bundestagswahlen zuvor – die Möglichkeit, ihre Ziele in der Auseinandersetzung mit den anderen Kandidat/innen zu präsentieren. Begleitet wurden auch die Trielle mit zeitgleich stattfindenden Meinungsumfragen, in deren Rahmen festgestellt werden sollte, welcher der Kandidat/innen besser abgeschnitten hatte, wer gepunktet und wer verloren hatte.

Mit den drei Kandidat/innen wurden zwei Trielle veranstaltet. Das erste Triell wurde am 29. August 2021 von RTL und n-tv ausgerichtet. Moderiert wurde es von Peter Kloeppel und Pinar Atalay.

---

[398] vgl. „*Westerwelle muss schweigen*", Süddeutsche Zeitung am 20.07.2002, S. 4.

Zu Beginn des Duells ging der innerparteilich wegen der schlechten Umfragewerte unter Druck stehende Armin Laschet aggressiv gegen Scholz und Baerbock in die Offensive.[399] Im Wesentlichen drehte sich das Duell um die Themen Corona, Klimawandel, Steuern, Außenpolitik und Innere Sicherheit. Hier zeigten sich teilweise die Unterschiede zwischen den Kontrahent/innen. In der Frage der Steuern wollte Scholz Gutverdiener stärker belasten, während Laschet Steuererhöhungen ablehnte.[400] Hier setzte Baerbock auf das Thema Kindergrundsicherung.

Im Hinblick auf eine Koalition mit der Linkspartei zeigte sich Scholz zurückhaltend, stellte Bedingungen, lehnte aber eine Koalition mit der Linkspartei nicht grundsätzlich ab,[401] was Laschet wiederum kritisierte.[402]

Während des Triells waren die Kandidat/innen um einen fairen Umgang miteinander bemüht. So lehnten alle drei Kandidat/innen die Antwort auf die Frage ab, warum die jeweils anderen Kandidaten nicht als Kanzler geeignet seien.[403]

Am Ende des Abends ging Olaf Scholz als Sieger aus dem Triell hervor. Nach einer Umfrage des Meinungsforschungsinstituts Forsa lag bei der Frage, wer die Debatte gewonnen habe, Scholz bei 36 Prozent, Baerbock bei 30 Prozent und Laschet bei 25 Prozent. Bei der Frage von Sachkunde und Kompetenz lag

---

[399] vgl. Fried, Nico: *Angriff als beste Verteidigung?* Süddeutsche Zeitung, 31.08.2021, S. 2.
[400] vgl. ebd.
[401] vgl. Balser, Markus, Michael Bauchmüller, Cerstin Gammelin und Stefan Kornelius: *Achtung, Halbwahrheiten.* Süddeutsche Zeitung 31.08.2021, S. 2.
[402] vgl. Fried, Nico: *Angriff als beste Verteidigung?* Süddeutsche Zeitung, 31.08.2021, S. 2.
[403] vgl. *Wer kann Kanzler?* Süddeutsche Zeitung, 30.08.2021, S. 5.

Scholz mit 46 Prozent vorne, bei Sympathie mit 38 Prozent nahezu gleichauf mit Baerbock, die auf 37 Prozent kam.[404]

Das zweite Fernsehduell fand am 12. September 2021 im öffentlich-rechtlichen Fernsehen statt, moderiert von Maybrit Illner und Oliver Köhr.

Auch im zweiten Triell versuchte Armin Laschet, in die Offensive zu kommen, indem er Olaf Scholz angriff, weil in dessen Finanzministerium eine (umstrittene) Razzia stattgefunden hatte, bei der es um Versäumnisse von Mitarbeitern der Geldwäsche-Einheit FIU ging.[405] Baerbock forderte, härter gegen Steuerbetrug und Geldwäsche vorzugehen.[406]

Am Ende war Laschets Offensive von den Zuschauern nicht wahrgenommen worden. In der Blitzumfrage zum TV-Triell am 12. September 2021 antworteten auf die Frage »Wen fanden sie am überzeugendsten?« 41 Prozent mit Olaf Scholz, 27 Prozent mit Armin Laschet und 25 Prozent mit Annalena Baerbock.[407] Unter den Anhängern der Parteien selbst wurde jeweils der eigene Kandidat am Überzeugendsten bewertet: Olaf Scholz von den SPD-Anhängern mit 77 Prozent, Armin Laschet von den CDU-Anhängern mit 74 Prozent und Annalena Baerbock von den Anhängern der Grünen mit 71 Prozent. Bei den Vergleichen der Eigenschaften der Kanzlerkandidat/innen schnitt Olaf Scholz bei den Fragen nach der Glaubwürdigkeit (39 Prozent, hingegen Laschet und Baerbock jeweils mit 26 Prozent), bei

---

[404] vgl. *Scholz gewinnt in Umfrage.* Süddeutsche Zeitung, 31.08.2021, S. 2.

[405] vgl. Fried, Nico und Tobias Zick: *Laschet geht in die Offensive.* Süddeutsche Zeitung, 13.09.2021, S. 1.

[406] vgl. ebd.

[407] https://www.infratest-dimap.de/umfragen-analysen/bundesweit/ard-deutschlandtrend/2021/blitz-tv-triell/ (zuletzt aufgerufen: 11.12.2022).

der Kompetenz (49 Prozent, Laschet 26 und Baerbock 18 Prozent) und zusammen mit Baerbock bei der Nähe zu den Problemen der Bürger (beide 33 Prozent, Laschet 23 Prozent) am besten ab. Baerbock lag bei den Fragen nach der Tatkraft (41 Prozent, Scholz hingegen bei 28 und Laschet bei 25 Prozent) und danach, welcher Kandidat am sympathischsten sei (39 Prozent, Scholz 34 und Laschet 18 Prozent) vorne. Armin Laschet schaffte es nicht, bei auch nur einer der abgefragten Eigenschaften vorne zu liegen.[408]

Bei der Frage nach der Direktwahl des Kanzlers lag Scholz vor wie auch nach dem Triell bei 43 Prozent, während sich Laschet von 19 auf 24 und Baerbock von 13 auf 19 Prozent verbessern konnten.[409]

Somit gewann Olaf Scholz im Ergebnis beide Trielle. Im zweiten Triell erweckte das Ergebnis, daß Scholz bei der Direktwahl in der Umfrage nach dem Duell keine Verbesserung im Vergleich zu der Umfrage vor dem Duell erzielte den Eindruck, daß er sein Potential ausgeschöpft hatte.

Die Versuche Armin Laschets, in die Offensive zu kommen und gegen die anderen beiden Kandidaten zu punkten, scheiterten. Gleichwohl fielen die Ergebnisse bei der Bundestagswahl deutlich knapper aus, als der Ausgang der Trielle erwarten ließen. Für das Ergebnis der Bundestagswahl dürften jedoch weitere Gründe eine deutlich größere Rolle gespielt haben, als die Auftritte der Kandidat/innen bei den Triellen.

---

[408] ebd.
[409] ebd.

Die Geschlossenheit der SPD

Im Gegensatz zur Union zeigten sich die Sozialdemokraten geschlossen. Dieses wurde insbesondere deshalb als Überraschung gewertet, weil noch im Dezember 2019 die beiden Vorsitzenden Saskia Esken und Norbert Walter-Borjans in Konkurrenz zu Olaf Scholz und seiner Co-Kandidatin Klara Geywitz standen. Bereits die frühe Nominierung Scholz' durch die beiden Vorsitzenden im Sommer 2020 war, wie oben bereits beschrieben, eine Überraschung. Auch im Wahlkampf nahmen sich die beiden Vorsitzenden sehr zurück und überließen Olaf Scholz das Feld.

Obwohl das neue Führungsduo der SPD grundsätzlich eine rot-rot-grüne Koalition aus SPD, Grüne und Linkspartei befürworteten, wandten sie im Wahlkampf gegen den Kurs des Kandidaten Scholz nichts dagegen ein, daß sich dieser von einer Zusammenarbeit der Linkspartei distanzierte. Als Bedingungen für eine Koalition forderte Scholz ein klares Bekenntnis zur Zusammenarbeit mit den USA und zur NATO, zu einem soliden Umgang mit Geld und zum Wirtschaftswachstum.[410] Somit signalisierte Scholz schon vor der Wahl, daß ihm die FDP als dritter Partner lieber war als die Linkspartei, zumal die FDP auch sehr entschlossen für die Schuldenbremse eintrat, deren Anhänger Scholz ebenfalls war.

Aus den vergangenen Wahlkämpfen lernte die SPD somit, daß sich der Wahlkampf am Kanzlerkandidaten auszurichten habe, und so dominierten die Themen von Olaf Scholz den Wahlkampf. Auch das Wahlprogramm der SPD zeigte, daß sich die Partei bemühte, in diesem Jahr möglichst wenige Spannungen zwischen

---

[410] vgl. Rossmann, Robert: *Linke werben um SPD und Grüne.* Süddeutsche Zeitung, 06.09.2021, S. 1.

Kandidat und Partei aufkommen zu lassen.

Wie sehr der Wert der Geschlossenheit auch das Führungsduo der SPD erfaßte, dokumentierte Saskia Esken unter anderem damit, daß sie diese Forderungen von Scholz unterstützte. Wer mit der SPD regieren wolle, so Esken, müsse sich zur NATO bekennen und eine solide Haushaltpolitik betreiben.[411] Dies klang inzwischen gar nicht mehr nach der Forderung, die »Schwarze Null« nicht länger in den Vordergrund zu stellen. Der neue Vorstand der SPD stellte seine politischen Ziele hinter den Wahlsieg Scholz' zurück.

Auch von der Kanzlerkandidatin der Grünen, Baerbock, sowie ihrem Co-Parteivorsitzenden Habeck wurde die Forderung des Bekenntnisses zur NATO gegen die Linkspartei erhoben. Dies befremdete umso mehr, als daß sich die Grünen über lange Jahre selbst als pazifistische Partei verstanden und den Austritt aus der NATO forderten.[412]

Auch Baerbock forderte die Linkspartei auf, sich zur NATO zu bekennen, während Habeck zusätzlich betonte, daß die Linke »in besonderem Maße beweisen [müsse], daß sie regierungsfähig«[413] sei, wozu auch das Bekenntnis zur NATO zähle. Wenige Tage vor der Bundestagswahl sprach dann auch die Kanzlerkandidatin der Grünen der Linkspartei wegen ihrer Haltung zur

---

[411] vgl. Spiegel online, https://www.spiegel.de/politik/deutschland/bundestagswahl-saskia-esken-fordert-von-koalitionspartnern-bekenntnis-zur-nato-a-6399e040-2ad7-4b08-bd07-dfc850042a49 (zuletzt aufgerufen: 11.12.2022).

[412] vgl. Herden,. Lutz: *Vormundschaftliche Partei.* Der Freitag, Ausgabe 19/2021, https://www.freitag.de/autoren/lutz-herden/prinzipienlos (zuletzt aufgerufen: 11.12.2022).

[413] Spiegel online: *Baerbock geht auf Distanz zur Linkspartei.* https://www.spiegel.de/politik/annalena-baerbock-und-r2g-gruenen-co-chefin-geht-auf-distanz-zur-linkspartei-a-cbcdf3ba-7a40-4810-9f05-a7c1dcdf126d (zuletzt aufgerufen: 11.12.2022).

Außenpolitik die Regierungsfähigkeit ab.[414]

Obwohl die Wahlprogramme von SPD und Grünen einerseits gerade im sozialen Bereich viele Schnittmengen aufwiesen, hoben beide Parteien vor allem die Differenzen zur Linkspartei hervor und bekundeten damit, daß sie eigentlich an einer rot-grün-roten Koalition kein Interesse hatten.

Nach der Bundestagswahl erklärte Norbert Walter-Bojans, daß er nicht erneut als Co-Vorsitzender der SPD kandidieren würde. An seiner Stelle wurde auf dem Parteitag der SPD im Dezember 2021 der bisherige Generalsekretär Lars Klingbeil mit 86.3 Prozent der Stimmen der Delegierten gewählt. Klingbeil gehört, wie Olaf Scholz, dem Lager der Seeheimer in der SPD an. Mit dieser Entscheidung rückte auch die Besetzung des Parteivorstandes wieder stärker in die politische Mitte.

Die Nicht-Geschlossenheit der Union

Für die Union startete der Wahlkampf mit der Auseinandersetzung zwischen Armin Laschet und Markus Söder. Auch nach dem dieser Konflikt nach zähem Ringen zugunsten von Laschet entschieden worden war, ließ die CSU im Wahlkampf immer wieder mal durchblicken, daß sich die Union für den schlechteren der beiden möglichen Kandidaten entschieden hatte. Auch mußte Armin Laschet immer wieder erleben, daß aus Bayern Ratschläge kamen, wie der Wahlkampf zu gestalten und auf welche Themen zu setzen sei.

Aus den USA ist bekannt, daß ein Bild, eine Szene oder ein Auftritt den kompletten Wahlkampf zunichte machen kann. Einen solchen Moment erlebte der Unions-

---

[414] vgl. Kornelius, Stefan und Robert Rossmann: *Baerbock distanziert sich von der Linken.* Süddeutsche Zeitung, 14.09.2022, S. 1.

kandidat Armin Laschet im Ahrtal, als er während der
Rede des Bundespräsidenten Frank-Walter Steinmeier
lachte, als habe ihm gerade jemand einen Witz er-
zählt.[415] Dieses Bild, das dabei entstand, sollte ihn für
den Rest des Wahlkampfes begleiten.

Nun ist Deutschland nicht Amerika, und die Mechanismen im Wahlkampf wirken hier anders als dort.
Geholfen hat dieses Bild dem Kanzlerkandidaten der
Union jedoch nicht, auch wenn er sich noch am Abend
für das Lachen entschuldigte. Warum er gelacht hatte,
blieb sein Geheimnis. In einem Interview mit der Süddeutschen Zeitung nach der Wahl im Dezember 2021
bezeichneten die Interviewer das Lachen Laschets
während der Flut als den Wendepunkt im Wahlkampf.
Auf die Frage, warum er gelacht habe, antworte Laschet in diesem Interview, daß der Grund egal sei. Das
Lachen, so Laschet, war unpassend und falsch.[416]

Während der Kanzlerkandidat der Union bei der Bun-
destagswahl 2002, Edmund Stoiber, nach verlorener
Wahl wieder als Ministerpräsident nach Bayern zu-
rückkehren (konnte), gab es für Armin Laschet diese
Perspektive nicht. Noch im Mai hieß es zunächst, La-
schet wolle den anstehenden CDU-Parteitag der NRW-
CDU verschieben, um sich eine Rückfahrkarte nach
Nordrhein-Westfalen als Ministerpräsident offenzuhal-
ten,[417] erklärte sich dann doch bereit, auf eben diese
Rückfahrkarte zu verzichten und auch im Falle einer
Wahlniederlage in Berlin, also im Bundestag, zu blei-

---

[415] vgl. Deininger, Roman, Jens Schneider und Jana Stegmann:
Gefahrenzone. Süddeutsche Zeitung, 19.07.2021, S. 3.
[416] vgl. Deininger, Roman, Boris Herrmann und Robert Rossmann:
„Ich hatte einfach zu wenig Zeit" – Interview mit Armin Laschet.
Süddeutsche Zeitung, 04.12.2021, S. 2.
[417] vgl. Wernicke, Christian: *Laschets Rückfahrkarte.* Süddeutsche
Zeitung, 07.05.2021, S. 5.

ben.[418] Mitglieder seines Landesverbandes hatten sich dafür ausgesprochen, Hendrik Wüst zum Landesvorsitzenden und Ministerpräsidenten zu machen unter Verweis auf Norbert Röttgen, der sich als Spitzenkandidat bei der Landtagswahl in Nordrhein-Westfalen 2012 nicht festlegen wollte, ob er in Düsseldorf bleiben würde, wenn er die Wahl verlöre.[419] So wurde in Nordrhein-Westfalen der Weg für Hendrik Wüst frei, nordrhein-westfälischer CDU-Vorsitzender und anschließend auch bereits im Amt des NRW-Ministerpräsidenten in den Wahlkampf im Mai 2022 zu ziehen.

Sicherlich war es für die nordrhein-westfälische CDU keine erfreuliche Perspektive, im Falle einer Wahlniederlage Laschets als Kanzlerkandidat mit ihm rund acht Monate später als Kandidat in Nordrhein-Westfalen in den Landtagswahlkampf zu ziehen. Gleichwohl aber verstärkte dies den Eindruck mangelnden Rückhalts für den Kanzlerkandidatein.

Neben den eigenen Fehlern Laschets durfte auch die mangelnde Unterstützung Angela Merkels ein Grund für die Wahlniederlage gewesen sein. Über weite Strecken des Wahlkampfes erweckte Merkel durchaus den Eindruck, als habe der Bundestagswahlkampf mit ihr nichts zu tun und erklärte erst spät offen ihre Unterstützung für Armin Laschet. Bei einer Debatte im Bundestag nahm sie deutlich wie nie zuvor Stellung zugunsten von Armin Laschet und erklärte: »Der beste Weg für unser Land ist eine CDU/CSU-geführte Bundesregierung mit Armin Laschet als Bundeskanzler«.[420] Zuvor betonte sie: »Die Bürgerinnen und Bürger haben

---

[418] vgl. Stegemann, Jana: *Laschet will in Berlin bleiben.* Süddeutsche Zeitung, 08.05.2021, S. 6.
[419] vgl. vgl. Wernicke, Christian: *Laschets Rückfahrkarte.* Süddeutsche Zeitung, 07.05.2021, S. 5.
[420] Deutscher Bundestag, 19. Wahlperiode, Protokoll der 239. Sitzung am 07.09.2021, S. 31109.

in wenigen Tagen die Wahl: entweder eine Regierung,
die mit SPD und Grünen die Unterstützung der Linkspartei in Kauf nimmt, zumindest sie nicht ausschließt
(...) oder eine von CDU und CSU und Armin Laschet als
Bundeskanzler geführte Regierung, eine Bundesregierung, die mit Maß und Mitte unser Land in die Zukunft
bringt«.[421]

Bis kurz vor dieser Debatte hatte Merkel auf eine Unterstützung Laschets verzichtet,[422] was in der Öffentlichkeit wie eine Distanzierung von ihrem potentiellen
Nachfolger wirken konnte. Ihre späte Parteinahme
konnte nunmehr letztlich auch nicht verhindern, daß
die Wahl für die Union verloren war, wenn auch knapper als die Umfrageergebnisse zuvor vermuten ließen.

Probleme hatte Armin Laschet auch durch die Art der
Unterstützung, die aus Bayern kam. Im ZDF ließ Markus Söder wissen, daß er der Antreiber im Wahlkampf
sei, der versuche, den Kanzlerkandidaten Laschet
wachzurütteln.[423] Im Vorfeld des CSU-Parteitags kurz
vor der Bundestagwahl ließ Söder die Öffentlichkeit
wissen, daß dieses Wochen – gemeint war das Wochenende des Parteitages der CSU – die letzte Chance sei,
die schlechten Umfrageergebnisse für die Union zu
wenden. Damit blieb es nicht nur bei dem Eindruck,
daß Söder selbst und auch die CSU der Meinung war,
daß der schlechtere der zur Verfügung stehenden
Kandidaten Unions-Kanzlerkandidat geworden sei,
sondern der CSU-Generalsekretär Blume sprach es
auch aus: »Natürlich stünden wir mit Markus Söder

---

[421] ebd.
[422] vgl. Schneider, Jens: *Merkel wirbt im Bundestag für Laschet.*
Süddeutsche Zeitung am 08.09.2021, S. 1.
[423] vgl. Glas, Andreas: *A bissl Sorge.* Süddeutsche Zeitung, 03.08.2021,
S. 4.

besser da«.[424]

Als Armin Laschet im Sommerinterview der ARD wissen ließ, daß kein Geld für Steuererleichterungen vorhanden sei, kam postwendend der Widerspruch aus Bayern, wo Söder erklärte, daß Steuererleichterungen das zentrale Element der Wirtschaftspolitik der Union seien und die Wirtschaft nur auf diesem Wege unterstützt werden könne.[425] Getrieben wurden die CSU und Markus Söder von der Sorge, daß Armin Laschet in Bayern nicht genug Wählerstimmen ziehen könnte, weswegen die Partei auf ein stärkeres Eigenprofil setze und ergänzend zum gemeinsamen Unionswahlprogramm eine Art Ergänzungsprogramm verabschiedete, in dem all jene Forderungen erhoben wurden, mit denen sich die CSU im gemeinsamen Unionsprogramm nicht durchsetzen konnten.[426]

Hinzu kam, daß Laschet und der bayerische Ministerpräsident in Fragen des Umgangs mit der Corona-Pandemie, die ein wesentliches Thema im Wahlkampf darstellte, unterschiedlicher Auffassung waren, denn während Laschet sich dagegen aussprach, Ungeimpfte zu benachteiligen, forderte Söder, daß mehr über die Rechte jener gesprochen werden solle, die sich bereits bis zum Herbst 2021 zweimal hatten impfen lassen.[427] Diese Meinungsverschiedenheiten im Umgang mit der Pandemie bestanden zwischen den beiden Ministerpräsidenten schon nahezu die ganze Pandemie über. Während sich Söder eher für strenge Regeln eingesetzt hatte, um die Pandemie zu bekämpfen, wollte Laschet

---

[424] Fried, Nico, Robert Rossmann: *Explosiv entspannt.* Süddeutsche Zeitung am 11.09.2021, S. 2.

[425] vgl. Gammelin, Cerstin und Andreas Glas: *Der Geist von Seeon.* Süddeutsche Zeitung, 14.07.2021, S. 6.

[426] vgl. ebd.

[427] vgl. Fried, Nico und Christian Wernicke: *Drei Krisen Kandidat.* Süddeutsche Zeitung am 11.08.2021, S. 2.

schon früh beginnen, Regeln zu lockern, hielt allerdings gleichwohl diesen Kurs nicht immer konsequent durch. Dies gipfelte in einem Rüffel der Bundeskanzlerin Angela Merkel im Vorfeld des Osterfestes 2021, die mit der Regelung in Nordrhein-Westfalen unzufrieden war, nach der Negativ auf Corona Getestete trotz hoher Inzidenzen einkaufen gehen durften.[428]

Auch in der Wahlkampf-Zeit verfolgte also Markus Söder seine eigenen Ziele und zeigte nur sehr begrenzt Solidarität mit dem Unions-Kanzlerkandidaten Laschet, dem er eigentlich Unterstützung versprochen hatte. Hinzu kam, wie oben beschrieben, daß Angela Merkel den Kanzlerkandidaten ihrer Partei erst sehr spät öffentlich unterstützte. Der Eindruck, daß Armin Laschet in den eigenen Reihen über nur mäßigen Rückhalt verfügte, war im Wahlkampf für ihn kein Vorteil, zumal sein Kontrahent Olaf Scholz die SPD geschlossen hinter sich wußte. Auch hierin dürfte die Erklärung dafür liegen, warum die Union bei der Bundestagswahl erheblich an Zustimmung verloren und die SPD gewonnen hat.

---

[428] vgl. ebd.

Nach der Bundestagswahl

Die Bundestagswahl brachte ein knappes Ergebnis, bei dem die SPD als stärkste Kraft hervorging. Zugleich war ein Zwei-Parteien-Bündnis jenseits einer großen Koalition zwischen SPD und CDU/CSU nicht möglich.

Bundestagswahlergebnisse 2021 und 2017[429]

	CDU CSU	SPD	GRÜ	FDP	Linke	AfD	SSW
2021	24.1	25.7	14.8	11.5	4.9	10.3	0.1
2017	33.0	20.5	8.9	10.7	9.2	12.6	-.-
+/-	-8.9	+5.2	+5.8	+0.7	-4.3	-2.3	+0.1

Sitzverteilung 2021 und 2017

	CDU CSU	SPD	GRÜ	FDP	Linke	AfD	SSW
2021	197	206	118	92	39	83	1
2017	246	153	67	80	69	94	-
+/-	-48	+53	+51	+12	-30	-11	+1

Aus der Verteilung der Sitze ergaben sich die folgenden Koalitionsmöglichkeiten, wobei die parlamentarische Mehrheit bei 369 Sitzen lag:

CDU/CSU, Grüne und FDP kamen auf 407 Sitze (38 Sitze über der Mehrheit).

SPD, Grüne und FDP kamen auf 416 Sitze (47 Sitze über

---

[429] Quelle der Zahlen dieser und der folgenden Tabelle: http://www.bundeswahlleiter.de/ (zuletzt aufgerufen: 11.12.2022).

der Mehrheit).

Alle weiteren Konstellationen hätten eine Mehrheit im Bundestag verfehlt. Schwarz-Gelb (CDU/CSU und FDP) hätten 80 Sitze zur erforderlichen Mehrheit gefehlt, Rot-Grün (SPD und Grüne) lagen um 45 Sitze unterhalb der Mehrheit und auch eine – politisch nicht gewollte – Koalition aus CDU/CSU und AfD hätten 89 Mandate zu wenig, um eine eigenen Mehrheit zu begründen. Am knappsten verfehlte die Option rot-rot-grün (SPD, Linke und Grüne) die Mehrheit, nämlich gerade einmal um sechs Sitze.

Koalitionsmöglichkeiten

Mehrheit bei 369 Sitzen.

Parteien	Sitze	+/- Mehrheit
SPD, GRÜ, FDP	416	+ 47
SPD, GRÜ, Linke.	363	- 6
SPD, GRÜ	324	- 45
CDU/CSU, GRÜ, FDP	407	+ 38
CDU/CSU, FDP	289	- 80
CDU/CSU, GRÜ	315	- 54
CDU/CSU, AfD	280	- 89

Somit kreisten die Diskussionen um die beiden Option, die auf der einen Seite Grüne und FDP gemeinsam mit der Union und auf der anderen Seite mit den Sozialdemokraten bilden konnten, wobei die SPD mit leichtem Abstand über die meisten Sitze verfügte.

Am Ende kam es zu einer Zusammenarbeit zwischen SPD, Grüne und FDP. Zu Beginn erklärte Olaf Scholz, daß dieses Bündnis sich perspektivisch nicht auf eine

Wahlperiode beschränken sondern seine Wiederwahl anstreben sollte. Solch euphorische Gedanken dürften mittlerweile der Koalitionsrealität gewichen sein, die eher von Streit als Fortschritt geprägt war, wie es im Titel des Koalitionsvertrages »Mehr Fortschritt wagen« hieß. Bereits nach noch nicht einmal einem Jahr nach der Konstituierung der »Ampel-Koalition« prägt diese vor allem das Bild von Zerstrittenheit. Die politischen Gräben zwischen SPD und Grüne auf der einen und der FDP auf der anderen Seite erscheinen tiefer als die Parteien zu Beginn des neuen Bündnisses wahrhaben wollten.

All dies dürfte wenig Trost für den gescheiterten CDU-Kandidaten Armin Laschet sein, der nach der Bundestagswahl die Niederlage der Union nicht so recht zur Kenntnis nehmen wollte und eine »Schwampel«, also ein Bündnis aus Union, Grüne und FDP schmieden wollte, welches allerdings bereits in den Vorverhandlungen wegen zahlreicher Indiskretionen aus den Reihen der Union scheiterten. Daß sich ein solches Bündnis weniger spannungsreich entwickelt hätte, als die gegenwärtige Koalition, darf bezweifelt werden – nur wären hier möglicherweise die Rollen etwas anders verteilt.

Was diese Wahl allerdings deutlich zeigte, war das Fortschreiten der Veränderungen im Parteiensystem. Nicht mehr dominierten Union und/oder SPD – letztere ja schon seit längerer Zeit nicht mehr, sondern beide Parteien rückten mit ihren Ergebnissen näher an Grüne und FDP heran, beziehungsweise letztere an erstere. Setzt sich dieser Trend zu etwa vier gleich starken Parteien fort, dürften Koalitionsbildungen, die eine Regierungsmehrheit anstreben, in Zukunft noch schwieriger werden. Gleichwohl zeigen die Landtagswahlen 2022 im Saarland, Nordrhein-Westfalen und Niedersachsen, daß nach wie vor Ergebnisse möglich sind, die Zweierkonstellationen oder gar die Alleinregierung einer Partei (SPD im Saarland) ermöglichen. Somit wäre es verfrüht, von einem generellen Trend zu sprechen.

Darüber hinaus darf nicht vergessen werden, daß erstmalig in der Bundespolitik Deutschlands der amtierende Kanzler nicht zur Wiederwahl stand. Somit dürfte dieses Wahlergebnis auch dieser besonderen Situation geschuldet sein. Ob und wann sich eine solche Situation wiederholt, ist ungewiß. Jedenfalls dürfte bei der nächsten Bundestagswahl im Hebst 2025 der amtierende Kanzler wieder zur Wahl stehen.

Die Kanzlerkandidaten 2021

Die Kanzlerkandidaten des Jahres 2021 waren, wie es zu erwarten war, unterschiedlich erfolgreich. Olaf Scholz hat es im Ergebnis ins Kanzleramt geschafft. Damit hatten ein Jahr zuvor wohl nur wenige Beobachter gerechnet angesichts der mäßigen Umfrageergebnisse der SPD.

Die Kanzlerkandidatin der Grünen, Annalena Baerbock, ist nun innerhalb der Ampel-Koalition Außenministerin, während Robert Habeck nicht nur Minister für Wirtschaft und Klimaschutz sondern in dieser Funktion auch Vizekanzler wurde. Hier ist besonders bemerkenswert, wie geräuschlos die Grünen akzeptiert haben, daß nicht Baerbock sondern Habeck zum Vizekanzler ernannt wurde.

Armin Laschet verlor nicht nur die Bundestagswahl sondern mußte auch innerhalb der CDU alle wichtigen Funktionen, die er innehatte, aufgeben. Mangelnde Unterstützung und Solidarität in der Partei trugen zum Wahlverlust bei. An der Niederlage der CDU/CSU bei der Bundestagswahl 2021 haben viele innerhalb der Partei mitgewirkt. Gleichwohl hat Armin Laschet als Spitzenkandidat die Verantwortung übernommen.

Zum Abschluß soll noch ein Blick auf die Beliebtheitswerte der Kanzlerkandidaten geworfen werden, die noch im Deutschland-Trend nachgefragt wurden. Weil Armin Laschet nunmehr keine parlamentarische oder parteipolitische Funktion bekleidet, wird im Deutschland-Trend nicht mehr nach ihm gefragt. Aus dem Grund können nur die Bewertungen von Olaf Scholz und Annalena Baerbock miteinander vergleichen werden. Die Werte, die hier wiedergeben sind, spiegeln die Zufriedenheit in Prozent der Befragten wider.

Zufriedenheit mit Olaf Scholz und Annalena Baerbock im Deutschland-Trend[430]

Datum Deutschland-Trend	Olaf Scholz	Annalena Baerbock
02.12.2021	51	29
06.01.2022	60	32
03.02.2022	43	36
07.04.2022	51	53
28.04.2022	39	56
02.06.2022	43	60
07.07.2022	44	58
04.08.2022	42	55
01.09.2022	35	49
06.10.2022	34	47
03.11.2022	33	46
01.12.2022	36	48

Während des Beginns der Ukraine-Krise stand Olaf Scholz wegen seiner vorsichtigen Position hinsichtlich der Waffenlieferungen an die Ukraine als Zauderer in der Kritik, und dies auch aus den eigenen Reihen. Dies dürfte zum Rückgang seiner Werte beigetragen haben, während die offensive Position Baerbocks in der Frage der Waffenlieferungen offensichtlich bei den Befragten

---

[430] ARD-Deutschland-Trend.
https://www.tagesschau.de/inland/deutschlandtrend/ (zuletzt aufgerufen: 11.12.2022).

auf Beifall gestoßen ist. Darauf deuten auch die Ergebnisse des ARD-Deutschland-Trends vom Oktober 2022 hin, nach dem 72 Prozent der Anhänger der Grünen sich wünschen, daß die Bundesregierung bei der militärischen Unterstützung der Ukraine entschlossener agieren sollte.[431]

Über den Sommer stabilisierten sich die Werte Scholz' bei knapp über 40 und fielen erst jetzt im Herbst auf 35 Prozent. Seit dem Sommer sind die Werte Baerbocks ebenfalls rückläufig, liegen aber noch über jenen von Olaf Scholz.

Hinzuzufügen wäre an dieser Stelle, daß der Ukraine-Krieg neben der Corona-Pandemie die neue Regierung vor schwierige Aufgaben gestellt hat, die die eigentlichen Ziele der an der Koalition beteiligten Parteien in den Hintergrund treten ließen. Zu der Zeit, als der Koalitionsvertrag geschlossen wurde, war der Ukraine-Krieg nicht absehbar und somit auch nicht die damit einhergehenden Probleme der Energie- und Preiskrise. Hier sah sich die neue Regierung bereits erheblichen Problemen gegenüber zu einer Zeit, in der es innerhalb der Regierung noch keine eingespielten Mechanismen und Rollenverteilungen gab. Dies ist jedoch nicht Thema dieses Buches. Somit folgen nur noch die Schlußfolgerungen, die sich aus der Betrachtung der Kanzlerkandidaturen der drei Parteien ergeben.

Schlußfolgerungen

Zum Zeitpunkt des Abschlusses der zweiten Auflage dieses Buches ist absehbar, daß zur Bundestagswahl 2025 der Amtsinhaber Olaf Scholz erneut als Kanzlerkandidat antreten wird. Eine Situation wie 2021, in der

---

[431]   ARD-Deutschland-Trend   Oktober   2022,   S.   28. https://www.tagesschau.de/inland/deutschlandtrend/dtrend-okt-2022-101.pdf (zuletzt aufgerufen: 11.12.2022).

alle Kanzlerkandidaten über keinen Amtsbonus verfügten, dürfte sich 2025 nicht wiederholen. Dies unterstreicht noch einmal die Besonderheit der Bundestagswahl 2021.

Für den Kanzlerkandidaten der Union, Armin Laschet, war es äußert mißlich, nicht von Anfang an die Unterstützung der Kanzlerin Angela Merkel gehabt zu haben. Ihre Zurückhaltung im Wahlkampf dürfte, wie oben bereits ausgeführt, zur Niederlage der Union geführt haben. Daraus wäre nicht nur für die Union, sondern auch für andere Parteien zu lernen, daß ein/e Amtsinhaber/in gut daran täte, einen eventuellen Nachfolger frühzeitig aufzubauen und ihn zu unterstützen, wenn ihm oder ihr am Erfolg seiner oder ihrer Partei gelegen ist.

Sofern sich ein Amtsinhaber das Ende seiner Amtszeit, beziehungsweise eine erneute Kandidatur offenhält, ist dies schwierig. Auch dafür gibt es ein Beispiel aus der Union: Im Vorfeld der Bundestagswahl 1998 gab es in der Union durchaus Stimmen, die sich gewünscht hätten, daß Helmut Kohl nicht erneut antritt, sondern die Kanzlerkandidatur Wolfgang Schäubles ermöglichte. Kohl erklärte zwar Schäuble auch zu seinem Wunschnachfolger, ließ aber offen, wann er, also Kohl, das Amt übergeben wolle. 1998 wollte es Kohl zumindest noch einmal auf seine Wiederwahl ankommen lassen.

Im Falle von Angela Merkel lag dies anders. Sie hatte bereits im Herbst 2018 – also drei Jahre vor der Bundestagswahl 2021 – erklärt, daß sie nicht erneut kandidieren wolle. Sie hatte somit hinreichend Zeit gehabt, einen Nachfolger aufzubauen, worauf sie jedoch verzichtete. Überhaupt bemühte sich Angela Merkel, sich in die Nachfolgeregelungen für ihre Ämter weitgehend nicht einzumischen. Dies galt auch später für die Auseinandersetzung zwischen Laschet und Söder, aus der sich die Kanzlerin ebenfalls heraushielt.

Besonders unverständlich ist dieses Verhalten deshalb, weil sie sich ja bereits frühzeitig auf das Ende ihrer Amtszeit festgelegt hatte und auch in der Folgezeit keine Absicht erkennen ließ, ihre einmal getroffene Entscheidung zu revidieren. Somit stand eigentlich dem langfristigen Aufbau eines Nachfolgers nichts entgegen. Statt dessen überließ Angela Merkel es dem Wettbewerb innerhalb der Union, die Entscheidung darüber zu treffen, wer ihr Nachfolger werden solle.

Doch auch als sich die Union für Armin Laschet entschieden hatte – wie oben beschrieben in einem Verfahren, daß nicht dazu geeignet war, den Kandidaten zu stärken –, unterließ es die Kanzlerin, den nunmehr nominierten Kandidaten frühzeitig zu unterstützen und sprang ihm erst bei, als die Lage für ihn bereits ausgesprochen schwierig war.

Die SPD hatte hingegen aus früheren Fehlern gelernt und unterstütze geschlossen ihren Kandidaten. Der Parteivorstand, der eigentlich einer andren Parteiströmung als der Kandidat angehörte, stellte seine Ziele zurück, um das gemeinsame große Ziel eines Wahlerfolgs bei der Bundestagswahl zu erreichen.

Während bei der Kandidatur Martin Schulz' vier Jahre zuvor auch aus der eigenen Partei Störungen und mangelnde Unterstützung kam, zog bei der Bundestagswahl 2021 die SPD geschlossen an einem Strang. Olaf Scholz stand im Mittelpunkt der Kampagne, und auch das Parteiprogramm war so gefaßt, daß es mit dem Kandidaten kompatibel war. Diese Strategie führte im Ergebnis zum Erfolg, der auch nicht durch die Diskussionen um die mögliche Verwicklung Scholz' in den Hamburger Cum-Ex-Skandal verhindert werden konnte.

Bei den Grünen spielte im Hintergrund für die Probleme im Wahlkampf das Frauenstatut der Partei eine

Rolle, ohne daß dies offen bezeichnet wurde. Im parteiinternen Wettstreit hatte Robert Habeck im Grunde schon von Anfang an keine Chance, Kanzlerkandidat der Grünen zu werden, weil an Annalena Baerbock dank dieses Statuts kein Weg vorbei führte, wenn sie erklärte, daß sie kandidieren wolle.

Als sie dann als Kanzlerkandidatin Fehler machte, beziehungsweise vorangegangene Fehler in der Öffentlichkeit diskutiert wurden, flackerten an der einen oder anderen Stelle bei den Grünen oder bisherigen Unterstützern der Grünen Diskussionen darüber auf, ob Habeck nicht doch der bessere Kandidat gewesen wäre. Habeck selbst zeigte sich indes loyal und wies die Spekulationen darüber zurück, daß er auf halber Strecke Baerbock als Kanzlerkandidat ablösen könnte oder würde. Dies, obwohl er zuvor in einem Interview mit der ZEIT seine Enttäuschung darüber zum Ausdruck gebracht hatte, nicht selbst Kanzlerkandidat geworden zu sein.

Es ist nicht auszuschließen, daß sich die Grünen auch ohne die Vorgabe des Frauenstatuts, daß bei einer Entscheidung für einen Mann oder eine Frau in jedem Falle die Frau das Amt oder das Mandat erhalte, für Baerbock entschieden hätten. Gleichwohl hatten viele Grüne nicht vergessen, daß sie Robert Habeck einen wesentlichen Teil ihrer Popularität zu verdanken hatten. Insofern erschien es ungerecht, daß nun Annalena Baerbock die Früchte ernten sollte.

So ließ die Journalistin Silke Mertens in der den Grünen nahestehenden Zeitung taz wissen, daß die Kandidatur für Baerbock zu früh gekommen, sie »zu jung, zu unerfahren und politisch zu unreif«[432] sei und warf ihr

---

[432] Silke Mertens: *Vorwürfe gegen Annalena Baerbock: Es ist vorbei, Baerbock!,* taz online, 11.07.2021, https://taz.de/Vorwuerfe-gegen-Annalena-Baerbock/!5784037/ (zuletzt aufgerufen 11.12.2022).

vor, mit ihrer Selbstüberschätzung dem Feminismus einen Bärendienst erwiesen zu haben.[433]

Zwar haben sich die Grünen deutlich hinter Baerbock und ihre Kandidatur gestellt, jedoch ließen sich nach der Debatte um die Fehler Baerbocks die Zweifel an ihr nicht mehr aus der Welt bringen. Der Juli, zu dessen Beginn die Debatte geführt wurde, markierte den Abstieg der Grünen in den Umfragen, wie in der Graphik auf Seite 183 zu sehen ist.

Ob die Grünen mit Robert Habeck als Kanzlerkandidat besser abgeschnitten hätten, ist Spekulation. Die Diskussion um die Frage, ob das Frauenstatut der Grünen nicht vielleicht sogar dazu beigetragen hat, Baerbocks Glaubwürdigkeit als Kanzlerkandidatin der Grünen zu untergraben, sollte zumindest diskutiert werden. In ihrem Kommentar schreibt Silke Mertens dazu, daß Gleichstellung bedeute, Frauen bei gleicher Qualifikation vorzuziehen, Habeck und Baerbock jedoch nicht gleich gut qualifiziert waren.[434] Auch darüber läßt sich streiten, denn Gleichstellung kann auch bedeuten, daß Frauen bei gleicher Qualifikation nicht zwingend vorgezogen werden, sondern im Rahmen zum Beispiel einer demokratischen Entscheidung auch unterliegen können.

Daß am Ende Robert Habeck - und nicht die Kanzlerkandidatin Annalena Baerbock - Vizekanzler in der Bundesregierung wurde und dies bei den Grünen zu keiner hörbaren Diskussion geführt hatte, ob hierfür nicht Baerbock prädestiniert gewesen wäre, kann den Schluß zulassen, daß der eine oder die andere dies vielleicht als eine Art Wiedergutmachung an Habeck dafür betrachtete, daß er bei der Auswahl des oder der Kanzlerkandidaten/Kanzlerkandidatin unterlegen war.

---

[433] vgl. ebd.
[434] vgl. ebd.

Rückblickend auf die Bundestagswahl läßt sich zumindest anhand des Ergebnisses schlußfolgern, daß das Modell der SPD am erfolgreichsten war, wenngleich auch 1.6 Prozentpunkte kein überwältigender Vorsprung vor der Union sein mag. Zu berücksichtigen bleibt dabei, daß die SPD deutlich hinzugewonnen und die Union deutlich verloren hat. Sein Pluspunkt dürfte in erster Linie die Geschlossenheit und die entschlossene Unterstützung durch die Partei gewesen sein. Dies ist, was alle Parteien aus den Kandidaturen bei der Bundestagswahl 2021 lernen können.

Literatur

Monographien

Degenhart, Christoph: Staatsrecht I. 38. Auflage. Heidelberg 2022.

Ditfurt, Christian von: Blockflöten. Wie die CDU ihre realsozialistische Vergangenheit verdrängt. Köln 1991.

Faus, Jana, Horand Knaup, Michael Rüter, Yvonne Schroth und Frank Stauss : Aus Fehlern lernen. Berlin, 2018.

Lange, Simone: Sozialdemokratie wagen! Kulmbach 2018.

Nahles, Andrea: Frau, gläubig, links. München, 2009.

Koalitionsvertrag

Sozialdemokratische Partei Deutschland, Bündnis 90/Die Grünen, Freie Demokratische Partei (Hrsg.): Mehr Fortschritt wagen. Bündnis für Freiheit, Gerechtigkeit und Nachhaltigkeit. https://www.spd.de/koalitionsvertrag2021/ (zuletzt aufgerufen: 11.12.2022)

Wahlprogramme

Bündnis 90/Die Grünen (Hrsg.): Deutschland. Alles ist drin. Bundestagswahlprogramm 2021. Berlin. https://cms.gruene.de/uploads/documents/Wahlprog ramm-DIE-GRUENEN-Bundestagswahl-2021_barrierefrei.pdf (zuletzt aufgerufen: 11.12.2022)

Christlich Demokratische Union Deutschland und Christlich-Soziale Union in Bayern e.V.: Das Programm für Stabilität und Erneuerung. Gemeinsam für ein modernes Deutschland. Berlin und München.

https://assets.ctfassets.net/nwwnl7ifahow/4Ze4NxQZx
xjpxtsHWmv0lr/678a180784a542c6b74d881526e027da/
CDU_Beschluss_Das_Programm_f__r_Stabilit__t_und_
Erneuerung._Gemeinsam_f__r_ein_modernes_Deutsch
land..pdf (zuletzt aufgerufen: 11.12.2022)

Sozialdemokratische Partei Deutschlands: Aus Respekt
vor Deiner Zukunft. Das Zukunftsprogramm der SPD.
(ohne Impressum veröffentlicht, vermutlich Berlin).
https://www.spd.de/fileadmin/Dokumente/Beschlues
se/Programm/SPD-Zukunftsprogramm.pdf   (zuletzt
aufgerufen: 11.12.2022)

Zeitungen und Internetseiten wurden in den Fußnoten
nachgewiesen.

Sonstiges

SPD-Parteivorstand (Hrsg.): Arbeit – Solidarität –
Menschlichkeit. Ein neuer Sozialstaat für eine neue
Zeit. 2019
https://www.spd.de/fileadmin/Bilder/SPDerneuern/2
01902_PV-Klausur/20190210_Neuer_Sozialstaat.pdf
(zuletzt aufgerufen: 11.12.2022)

Bündnis 90/Die Grünen (Hrsg.): Zeiten ändern sich. Wir
ändern sie mit. 2019
https://cms.gruene.de/uploads/documents/GRUENE_
Chronik_1979-2019.pdf (zuletzt aufgerufen: 11.12.2022)

Anhang

Anzeige der INSM

Quelle der Graphik: https://www.insm.de/insm/ueber-die-insm/insm-anzeigen/gruene-verbote (zuletzt aufgerufen: 11.12.2022).

Der Autor

Richard Bercanay, geboren 1968 in Aachen, studierte  Politikwissenschaften und Soziologie. Neben Sachbüchern, die sich in erster Linie mit der Entwicklung der Sozialdemokratie befassen, schreibt er vor allem Krimis und Science-Fiction Romane.

Bercanay's Blog: http://bercanay.wordpress.com/

Veröffentlichungen von Richard Bercanay:

Sachbücher:

Sozialdemokratie im Abbruch – Wie die SPD den Politikwechsel vergeigte

Vision oder Fission? Die Dauerkrise der Sozialdemokratie.

Krimis:

Tod durch den Strang

Der Minister und die Katze

Die Leiche mit dem Pistolenkasten (John-Rollins-Reihe)

Doyles Radfahrer (Sgt.-Brendan-Doyle-Reihe)

Robert Cranes Spuren im Schnee (Kurzkrimis)

FSC
www.fsc.org
MIX
Papier aus ver-
antwortungsvollen
Quellen
Paper from
responsible sources
FSC® C105338